AF403212

LE PLAN XVII

ÉTUDE STRATÉGIQUE

Avec une carte d'ensemble hors texte

PAYOT, PARIS

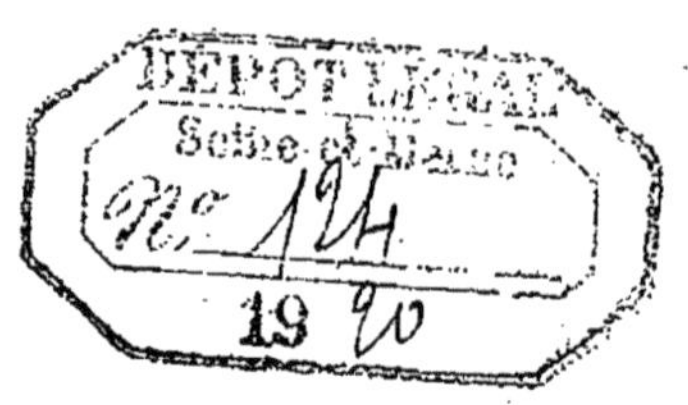

LE PLAN XVII

E. GRÉVIN — IMPRIMERIE DE LAGNY

LE PLAN XVII

ÉTUDE STRATÉGIQUE

Avec une carte d'ensemble hors texte.

PAYOT & CIE, PARIS
106, BOULEVARD SAINT-GERMAIN, 106

1920

A LA MÉMOIRE

DU

COMMANDANT A.-V. GILLES

DU 75ᵉ RÉGIMENT D'INFANTERIE

TUÉ A L'ENNEMI

EN AOUT

MIL NEUF CENT QUATORZE

INTRODUCTION

Plus tard, quand les événements de la grande guerre auront subi du temps la mise au point nécessaire et qu'une perspective moins déformée par le voisinage nous les montrera sous un angle plus proche de la réalité, les trois phases dans lesquelles se résume toute cette guerre verront très probablement s'inverser leur ordre actuel d'importance dans l'opinion générale.

Aujourd'hui, la campagne finale de 1918 dont les glorieuses étapes ont fait aboutir à une victoire décisive, espérée, certes, et en quelque sorte incessamment voulue, mais non pas escomptée de façon si soudaine, produit sur l'esprit des contemporains une impression autrement vive et profonde que les angoissants débuts de la guerre de mouvements ou que les longues années de stagnation au cours desquelles, avec de sanglantes alternatives d'usure, on attendait que fût rompu l'équilibre des forces en présence, matérielles et morales, militaires et nationales.

La postérité, en assignant à chacun sa place exacte, ne manquera pas de faire valoir la tragique grandeur des premières rencontres, alors que seule, sans Alliés autant dire, puisque leur préparation était par trop sommaire, l'armée française ne disposait guère que de l'énergie de son commandement, de l'abnégation et de l'héroïsme de ses soldats pour contenir la ruée préméditée du monde germanique. Toutes les qualités admirables, individuelles ou collectives, que la guerre mit ultérieurement en lumière, on les trouve au moins en germe, parfois en complet épanouissement, dès l'époque où, d'un coup de massue, les reins furent brisés au colosse envahisseur.

Aussi semble-t-il qu'il suffise à celui qui présidait alors aux destinées de la France éternelle d'avoir accompli ce merveilleux prodige en guidant ses armées en pleine connaissance de cause, pour qu'à jamais lui soit acquise, sans la plus légère ombre de contestation, la totale reconnaissance de ses compatriotes.

Ceci posé, dans les pages qui suivent, on se borne à examiner les faits à un point de vue essentiellement objectif, abstraction faite de toute idée polémique, à la façon sereine et impartiale dont l'Histoire a coutume de prononcer ses jugements définitifs.

Ainsi que son titre l'indique, le plan français de concentration initial — le plan XVII — constitue la trame de cette étude. Elle est divisée en trois parties. Dans la première, on démêle les principes ayant servi à l'établissement de ce plan. La deuxième est un exposé critique succinct des opérations auxquelles le plan XVII a donné lieu dans le courant d'août 1914. Enfin la troisième, concise à dessein, résume les conclusions auxquelles ont fait aboutir les exposés qui précèdent.

La documentation dont on a disposé, et qui a permis d'entreprendre dès à présent une telle tâche, autorise à croire que la recherche des intentions à laquelle on s'est livré dans le domaine de la stratégie du général en chef et de ses commandants d'armées, serre d'aussi près que possible la plus stricte réalité. Sur cette affirmation de la bonne foi de l'auteur se fonde l'espoir que cette tentative sera favorablement accueillie par tout lecteur impartial désireux de remonter aux sources mêmes de la vérité.

PREMIÈRE PARTIE

LE PLAN DE JOFFRE EN 1914

On dit « le plan de Joffre en 1914 » comme on disait « le plan de Moltke en 1870 » ou « le plan de Turenne en 1672 ». En fait, sous cette apparente équivalence de termes, se dissimulent, d'une époque à une autre, de profondes différences. Autre chose était jadis régler de souverain à souverain un conflit dynastique, et préparer aujourd'hui la lutte dont l'issue marquera la vie ou la mort d'un peuple.

Dans la guerre des nations en armes, le plan d'opérations initial exprime une résultante ; il est moins l'œuvre d'un seul homme que la composante des jugements d'une collectivité plus ou moins restreinte selon l'état social et politique, l'esprit des institutions militaires, les rapports entre l'armée et l'ensemble du pays.

Avec un tel parrainage, si l'on peut se croire à

l'abri des fautes qu'une spécialisation à outrance a maintes fois provoquées, on risque par contre de se laisser aller aux entraînements irréfléchis d'une opinion publique, impulsive à la façon des foules et qui, n'étant jamais parfaitement éclairée, ne peut avoir qu'une compétence restreinte. En dernière analyse, le chef chargé d'établir ce plan doit faire la part de ces diverses contingences, tout en lui imprimant, d'une ou d'autre manière, la marque vigoureuse et indélébile de son propre génie.

On se propose, dans la première partie de cet ouvrage, de discerner, autant que faire se peut, la part respective de ces influences dans le plan de guerre de 1914. Ce travail de discrimination permettra à la fois de saisir la philosophie des premières opérations de la grande guerre et de faire valoir, en ce qui concerne Joffre, quelques-uns des traits les plus proéminents du caractère de ce grand chef.

CHAPITRE I

LES PLANS PRÉCÉDENTS

Joffre fut nommé chef d'état-major général, c'est-à-dire généralissime désigné, à la date du 28 juillet 1911.

Au printemps de 1913, le plan qui devait être réalisé l'année suivante était approuvé par le gouvernement; on procédait ensuite à sa mise en place, ce qui conduisit vers le 15 avril 1914. Dans la série des études de cette nature, celle-ci portait le numéro XVII : depuis la guerre de 1870, l'expression de notre doctrine de guerre a donc varié fréquemment et si, pour le sujet qui nous occupe, il n'est pas nécessaire d'entrer dans le détail des plans antérieurs au plan XVII, du moins semble-t-il utile d'en marquer, dans leurs lignes les plus générales, les transformations successives.

On imagine ce que pouvaient être nos premiers dispositifs de concentration sitôt après le funeste traité de Francfort, qui laissait une plaie béante sur notre frontière du nord-est. Encore sans armée, nous n'avions aucun moyen d'interdire aux Allemands l'accès de notre territoire; quand se produisit l'alerte de 1875, nous en étions réduits à retirer nos forces encore vagissantes en arrière de la Loire, laissant à l'ennemi la libre faculté d'occuper sans opposition le reste de la France.

Demeurer plus longtemps à la merci des fantaisies d'un arrogant voisin était intolérable. Or comment fermer notre porte? Une armée de campagne constitue le meilleur verrou, on ne l'ignorait certes point; mais une armée qui soit efficace ne se crée pas en un tournemain. Et, puisqu'il fallait être en mesure d'agir au plus vite, on recourut à la fortification en dépit des catastrophes provoquées par les places fortes au cours des opérations précédentes. A une frontière politique sans valeur défensive, le général Séré de Rivière substituait une frontière militaire qui, utilisant le fossé naturel Moselle-Meuse, le renforçait par Verdun, Toul, Épinal, Belfort et tous les ouvrages intermédiaires projetés entre ces quatre places.

Renonçant alors bénévolement à défendre le territoire compris entre cette ligne et celle des poteaux frontière, notre commandement groupait ses forces à l'abri des forteresses, garnissait de fusils et de canons le mur passif élevé par nos ingénieurs militaires. Le temps nécessaire à la concentration serait désormais obtenu, non plus par l'espace comme en 1875, mais par la durée escomptée de la résistance de nos troupes osant enfin tenir tête à l'abri d'un rempart.

Il n'était malheureusement pas douteux que l'ennemi parviendrait à franchir l'obstacle. Mais pourquoi ne pas renouveler le même jeu en arrière? Se faisant notre alliée, la géologie du bassin parisien indiquait une série de crêtes concentriques, résidus de cuvettes antédiluviennes emboîtées les unes dans les autres. On songea donc à résister sur ces crêtes successives dûment consolidées par la fortification.

Enfin Paris, objectif décisif, était transformé en un vaste camp retranché auquel aboutissait le repli de nos troupes battues en avant. C'était, non plus pour s'y laisser assiéger en provoquant une usure toujours passive des forces accrues d'un assaillant victorieux jusque là, mais au contraire pour opérer soi-même un effort suprême qui renverserait les rôles et mettrait l'ennemi sur la défensive.

Tel était le thème favori de nos premiers plans : il reculait la victoire quasi-certaine de notre adversaire et se bornait à la lui faire acheter le plus cher possible, résultat bien modeste pour le luxe de fortifications qu'il coûtait.

Aussi, avant même l'achèvement du projet Séré de Rivière, chercha-t-on à faire intervenir de façon plus active une armée de campagne qui s'améliorait de jour en jour.

On était alors vers 1887. Pouvait-il être question d'aller se battre en avant de la frontière militaire indiquée ci-dessus? Hélas! six jours étaient nécessaires pour mobiliser nos unités ; il en fallait au moins neuf pour transporter leurs éléments combattants sur cette frontière, soit un total minimum de quinze jours, tandis qu'en une douzaine de jours les Allemands amenaient à pied d'œuvre des forces bien supérieures aux nôtres. Maintenant en conséquence notre rassemblement dans la zone Épinal, Chaumont, Reims, Mézières, on convint d'utiliser les scteurs dépourvus de fortifications pour y faire agir les troupes qui s'appuieraient sur les forteresses voisines. Ce fut l'époque des « trouées et musoirs. »

L'idée paraît ingénieuse.

Un mur continu de solidité partout égale laisse ignorant du point sur lequel viendra frapper l'ennemi. Si par contre on ménage des brèches dans ce mur, il y a des chances pour que l'ennemi préfère se présenter devant elles et nos troupes actives, convenablement groupées à proximité, lui tombent dessus au moment opportun. La stratégie du haut commandement se trouve ainsi condensée, ramassée en une simple attaque ou défense de défilé et l'on sait si cette opération était chère à nos règlements de manœuvre d'alors !

Sur la passivité précédente, c'était un incontestable progrès. Mais ce fut en outre la première manifestation d'un art subtil qui, sous le nom générique de « défensive-offensive », orientera à partir de 1890, et pendant une vingtaine d'années, nos dispositifs de concentration. La guerre devint une science rigide avec ses règles exactes et, dans le but d'en justifier les formules, on tenta d'appliquer à nos armées modernes de plusieurs millions d'hommes les procédés qui avaient réussi aux petites armées des xviie et xviiie siècles, jouant d'une terminologie impressionnante pour donner le change à un adversaire qu'en définitive on n'osait point encore saisir brutalement à la gorge. En vérité, l'eût-on voulu, que les conditions élémentaires de la réunion de nos forces continuaient à nous placer dans une situation d'infériorité trop manifeste vis-à-vis des Allemands. Les perfectionnements successifs apportés à l'organisation de notre couverture n'étaient qu'un palliatif insuffisant : faire faire figure stratégique à cette couverture en escomptant son action retardatrice n'empêchait pas l'ennemi de nous imposer son idée de manœuvre, nous de subir cette volonté.

Bref, nos plans d'opérations évoluaient avec persistance entre les mêmes limites restreintes de la trouée de Charmes à celle de Stenay : c'était encore la défense du défilé prévue, aujourd'hui en avant et demain en arrière, suivant le diapason de l'opinion en France ou le tempérament personnel du général en chef du moment. Et comme nous avions foi en nos alliances, on associait la défensive-offensive française aux opérations des Russes en Pologne ou des Anglais sur mer, réservant à nos troupes sur l'échiquier international le rôle d'armée de couverture de la Triple Entente.

Fondées à l'origine sur la nécessité, puis sur tels sophismes trompeurs, les conceptions guerrières de cette période, en ce qu'elles nous inclinaient vers le moindre effort, risquaient de devenir pernicieuses. L'ère de crise qui s'ouvrit en 1906, et devait aboutir au conflit mondial de 1914, contribua fort à propos à nous mettre en garde contre les dangers d'un art devenu trop savant.

A leur tour, qu'avaient fait les Allemands?

Tandis que nous cherchions principalement à perfectionner notre préparation à la guerre par l'étude de manœuvres de plus en plus délicates, eux, au contraire, hâtaient la réunion de leurs forces; ils construisaient un abondant réseau de voies ferrées et, de quinquennat en quinquennat, amélioraient leur armée, augmentant ses effectifs, ses cadres, son matériel. Dans leurs exercices annuels, ils appliquaient avec les troupes des procédés simples, uniformément basés sur l'enveloppement d'une aile ; la brutalité de l'exécution qui faisait sourire nos augures en stratégie, impressionnait cependant le bon sens natif de ceux de nos officiers autorisés à suivre ces exercices.

On s'aperçut alors en France, qu'à une concentration allemande plus rapide, il devenait insuffisant de répondre par une fragile amélioration de notre couverture ; comme, d'autre part, on n'admettait plus un recul de notre zone de concentration, il restait à hâter dans une mesure analogue notre propre concentration.

La voie nouvelle dans laquelle on s'acheminait ainsi permit bien vite de faire cette constatation, qu'à la guerre, un puissant esprit d'offensive est indispensable du premier au dernier des exécutants. A quelque degré qu'on la pratique la défensive se révèle sans issue. L'idée préconçue, si fustigée jadis, se vit remise en honneur. La décision du chef subordonnée aux renseignements, les forteresses servant de pôle attractif aux troupes de campagne, autant de pièges grossiers à éviter. Les progrès de l'armement eux-mêmes favorisent l'offensive aux dépens de la défensive...

Cette évolution dans la technique de la guerre coïncidait d'ailleurs avec l'état d'esprit provoqué dans notre pays par l'attitude arrogante de la diplomatie allemande. Insensiblement, la France se remémorait la place qu'elle occupait autrefois dans le monde. Elle ne tolérerait plus désormais qu'on la traitât éternellement en vaincue. Sans aller jusqu'à provoquer elle-même, elle ne voulait plus subir les provocations des autres et, si pacifique qu'elle fût, elle ne céderait pas devant la menace d'une guerre qu'on lui imposerait.

L'âme nationale réagissant sur les techniciens confirma ces derniers dans leurs déductions. Ne convenait-il pas d'éviter une dépression à l'élan populaire, un affaiblissement de la confiance générale par une attitude timide, hésitante, prise au début d'une campagne que l'on sentait devoir être décisive? Ne fallait-il pas au contraire se ménager l'initiative des opérations en vue de permettre une meilleure utilisation des aptitudes de notre race? Il n'est pas jusqu'aux considérations d'ordre économique et financier, controuvées depuis par la guerre, qui, faisant estimer que le prochain conflit serait forcément court, n'aient incité nos Alliés à agir au plus vite, nous pous-

sant nous-mêmes à hâter notre entrée en ligne.
« Gagner une avance de deux jours, même pas,
d'un jour, de douze heures seulement, voilà le
but de cette lutte fiévreuse à coups de chemins
de fer, à coups de millions (1). »

En définitive, tout contribuait au développement de l'esprit d'audace chez nos chefs militaires
et leurs plans pouvaient dès lors s'inspirer d'un
ardent caractère offensif. Celui-ci ne nous avait-
il point valu nos succès autrefois ; son oubli, nos
défaites? A travers les vicissitudes d'une longue
histoire guerrière, les qualités de nos soldats
étaient demeurées intactes : au commandement
de les mettre en valeur.

Telles sont les idées répandues dans la foule
vers 1910, au moment où Joffre entrant au Conseil supérieur de la guerre va se consacrer à
l'étude des problèmes fondamentaux de la conduite des armées modernes.

Après un stage à la « Direction de l'Arrière »
où il peut se familiariser avec les difficultés matérielles de la grande guerre, Joffre est mis à la
tête du haut commandement français : il lui ap-

(1) Général MAITROT. *Nos frontières de l'Est et du Nord.*

partiendra de réaliser l'unanime désir de l'armée, du pays tout entier, et il aura la volonté expresse de préparer, pour la cause défensive de la France, un plan de campagne offensif conforme à la fois à notre psychologie du moment et à nos traditions les meilleures.

Pour être juste, il convient de déclarer que certains plans antérieurs à celui établi par Joffre envisageaient bien cette offensive, mais dans aucun la précaution préalable n'avait pu être prise de combler le vide qui sépare une velléité, un désir, de la plus élémentaire réalité. Le premier, Joffre s'attacha à ce que cette offensive devînt possible.

CHAPITRE II

LES CONDITIONS DE POSSIBILITÉ

« L'intention du général en chef est de se porter à l'attaque dès que toutes les forces seront réunies », telle est l'idée de manœuvre, la seule idée de manœuvre, doit-on dire, que, dans son plan, Joffre dicte à ses lieutenants. Pour rendre cette petite phrase exécutable, un travail ardu de préparation s'imposait auquel Joffre se mit dès sa nomination au poste de chef d'état-major général.

Il s'agissait avant tout *d'être prêts au moins aussi vite* que l'armée allemande.

Améliorer dans ce sens l'assiette de nos subdivisions territoriales, perfectionner l'outillage des voies ferrées présentant un intérêt militaire,

simplifier les opérations de la mobilisation et de
la concentration, ce fut l'œuvre patiente et continue des 1er et 4e bureaux de l'état-major de
l'armée; en 1913, elle permettait à nos armées
de commencer leurs opérations actives à partir
du douzième jour de la mobilisation. Nous
n'avions jamais obtenu un pareil rendement et
les Allemands eux-mêmes ne faisaient pas mieux.

Mais, jusqu'au douzième jour, il fallait se
mettre à l'abri d'une attaque brusquée facilitée
par l'initiative diplomatique dont l'Allemagne
disposerait à coup sûr. Notre couverture chargée
de contenir cette irruption soudaine d'une partie
de l'armée opposée fut successivement renforcée
à partir du deuxième jour. A ce point de vue, la
loi de trois ans qui, à la longue, était de nature
à nous fournir des hommes incontestablement
mieux entraînés et surtout des cadres subalternes
ou de complément mieux instruits, nous était
immédiatement utile en ce qu'elle maintenait
dans les garnisons frontières deux classes au
lieu d'une pendant toute la période d'instruction des recrues; en diminuant d'autant l'appoint nécessaire en réservistes locaux, on faci-
litait le jeu immédiat de cette couverture.

A cette armée réunie avec le maximum de célérité, Joffre voulut donner le *maximum de puissance* tant en *hommes* qu'en *matériel*.

Notre loi sur le recrutement mobilisant vingt-cinq classes, il ne pouvait être question de pressurer davantage le pays et notre natalité restreinte interdisait tout espoir d'augmentation dans le chiffre des hommes mobilisables. Joffre s'efforça simplement d'accroître le nombre d'hommes qu'il se proposait d'opposer à l'armée allemande en draînant le plus possible d'unités sur le front du nord-est. Se souvenant à juste titre qu'un Custozza ne compensait pas Sadowa, il fit une application audacieuse de ce principe qu'il suffit d'être le plus fort sur le point décisif. Il résolut donc de ne laisser qu'un minimum indispensable de troupes de seconde qualité sur les frontières de moindre importance. Celle des Alpes, où les Allemands étaient fondés à nous voir maintenir deux corps d'armée, resta confiée à des divisions territoriales. De même sur nos côtes. De même en Afrique du Nord. Bien nous en prit d'ailleurs, si l'on songe à la surprise des effectifs dont notre état-major fut victime au début de la guerre.

Quant aux questions relatives au matériel de l'armée, elles dépendaient plus immédiatement du Parlement qui tenait les cordons de la bourse. Joffre fit de son mieux pour ne pas laisser rogner les crédits du budget de la guerre. Le branle était donné depuis 1905 ; notre artillerie de campagne, nos fortifications avaient été augmentées au cours des années précédant l'arrivée de Joffre et celui-ci n'eut qu'à soutenir la perspicacité populaire sentant gronder l'orage.

Son action est plus effective si des points de doctrine se trouvent liés à ces questions de matériel. Pour en citer un cas important, celui de la dotation de notre armée en artillerie lourde, on sait les discussions auxquelles donnait lieu ce sujet depuis longtemps en France et que les événements de la guerre balkaniques venaient de raviver. Adeptes d'une artillerie lourde d'armée, voire de corps d'armée et partisans du seul canon de campagne de 75 rivalisaient d'ardeur dans la défense de leurs opinions contradictoires. Il suffit à Joffre de savoir que les Allemands disposeront d'un matériel lourd nombreux pour qu'il désire en posséder un lui-même. Aux tergiversations des artilleurs qui étudient sans cesse le modèle de demain, il répond par la menace de recourir à l'industrie privée dont les spécimens sont prêts à sortir. Mieux encore; impatient d'attendre jusque-là, Joffre organise une artillerie lourde d'armée avec les matériels anciens et disparates dont nous disposons. Et il n'y aura point de sa faute si cette artillerie encombrante n'a pas rendu à nos troupes les services qu'une artillerie de même nature mais mieux adaptée à son rôle rendit à nos adversaires.

Dans cette laborieuse préparation de l'armée à la guerre, Joffre ne s'en tint pas à la seule organisation matérielle. Aux perfectionnements déjà signalés, il ajouta une *meilleure organisation du haut commandement* et des *états-majors*.

La bravoure des troupes, leur instruction ou leur nombre, ou le matériel nous ont moins fait défaut que les capacités de la direction au cours des guerres antérieures; et s'il s'établit souvent — l'histoire est là qui en fait foi — une sorte de compensation entre les déficits respectifs de ces divers éléments, les premiers à eux réunis ont rarement suffi à faire équilibre aux faiblesses du commandement dont la valeur intellectuelle et morale reste prépondérante. Joffre donna les soins les plus assidus à cette partie de sa tâche.

D'abord pour lui-même, il exigea de tout voir, tout connaître. Au décret Messimy du 28 juillet 1911 lui donnant la direction à la fois du conseil supérieur de la guerre, et de l'état-major de l'armée, mais maintenant à la tête de celui-ci un chef d'état-major de l'armée, il fit substituer le décret Millerand du 20 janvier 1912 qui supprime ce dernier poste; il se fonde sur les considérants ci-après : « Le chef d'état-major général responsable de la préparation de l'armée à la guerre doit avoir dans ses attributions toutes les affaires se rapportant directement ou indirectement à cette préparation. Il est indispensable que son action sur l'état-major de l'armée, qui est chargé de les étudier ou de les traiter, s'exerce sans intermédiaire. »

Joffre veut être le seul chef en rapports hiérarchiques avec le gouvernement. Il n'aura dans l'armée que des subordonnés et il se montrera d'une sévérité toute nouvelle en ce qui concerne le choix de ses collaborateurs. Dans la désignation des candidats au conseil supérieur de la guerre, il s'efforcera de restreindre la part des influences politiques au profit des seules capacités professionnelles. Le rapport du ministre de la Guerre au président de la République joint au décret susvisé du 28 juillet 1911 indique les mesures des plus heureuses prises en accord avec Joffre pour assurer la réorganisation du haut commandement : fusion du conseil supérieur de la guerre et de l'état-major de l'armée, suppression du poste de vice-président du conseil supérieur de la guerre et surtout suppression du caractère permanent des fonctions des différents membres de ce conseil, chacun d'eux recevant une lettre de service renouvelable pour la durée d'une année.

Parmi les dix officiers généraux constituant cet aréopage, Joffre exerça encore une sélection rigoureuse pour y choisir ses commandants d'armées : Dubail, Pau, de Castelnau, de Langle de Cary, Galliéni, Lanrezac, telle fut la pléiade de chefs distingués à l'avance par Joffre et que la postérité rendra pour la plupart avec lui-même immortels. Il s'entoura d'eux sans autre considération que celle de leurs qualités militaires dûment éprouvées ; l'opinion dans l'armée était, sur ce point, unanime. Il n'est pas jusqu'à leur tempérament propre et à leurs facultés particulières que Joffre ayant su discerner n'utilisera par la suite; il confiera à celui-ci telle fonction, tel rôle plutôt qu'à tel autre. A Dubail, l'homme de l'Est, tenace et entêté, d'agir dans les Vosges; à Pau, puis à Castelnau de défendre Nancy dont ils sont les idoles; à Ruffey, l'artilleur savant, le soin de couvrir Verdun, éventuellement de masquer Metz; au poste délicat de l'aile gauche un Galliéni, ayant montré dans une célèbre carrière coloniale toute la souplesse de son esprit, la variété de ses aptitudes, puis un Lanrezac, le fin et habile manœuvrier qu'admirèrent plusieurs générations de l'école de guerre.

A ces chefs, Joffre fournit les moyens matériels de se préparer à leur mission du temps de guerre en leur faisant inspecter tous les ans les grandes unités dont ils prendraient le commandement. C'était à un échelon supérieur l'application du principe bien connu que la solidarité au combat se trouve accrue par la connaissance que l'on possède les uns des autres. Ce qui est vrai pour les exécutants ne l'est-il pas bien davantage pour ceux qui ont à concevoir et qui dirigent?

On se rappelle les sanctions énergiques dont furent suivies certaines manœuvres d'automne. Sans tenir compte des situations acquises, Joffre se montra impitoyable à quiconque ne possédait pas son entière confiance. La guerre lui en eût-elle laissé le loisir, il aurait mené à bout cette épuration de nos cadres supérieurs, autant et aussi exactement que les circonstances du temps de paix permettaient de le faire.

Tout lui était bon dans ce but, non seulement les manœuvres avec troupes, mais encore les exercices de cadres sur la carte et sur le terrain. Ceux-ci ne furent plus avec Joffre des occasions recherchées d'un voyage à Paris en hiver ou d'une randonnée hygiénique à travers champs dès la belle saison revenue.

Dans ces exercices Joffre fit constituer les grands états-majors d'armées ou de groupe d'armées tels qu'ils devaient l'être en campagne. Il améliora le recrutement, la cohésion, les méthodes de ces auxiliaires indispensables du commandement moderne et l'hommage qu'il leur rendra plus tard, notamment dans son discours de réception à l'Académie française, n'est que la consécration des soins qu'il leur prodigua bien avant la guerre.

On a déjà signalé la pénétration qui se produisit, dès sa nomination au poste de chef d'état-major général, entre le Conseil supérieur de la guerre, le « 4 bis » — ainsi l'appelait-on couramment — et l'état-major de l'armée. Chaque général d'armée désigné eut à partir de ce moment auprès de lui son chef d'état-major et son chef du bureau des opérations ; un troisième officier pris parmi ceux de l'état-major de l'armée assurait la liaison permanente entre le boulevard Saint-Germain et le 4 bis du boulevard des Invalides.

Enfin le centre des hautes études militaires, récemment créé, fut l'objet de sa sollicitude toute particulière ; avec la collaboration du comité technique d'état-major et celle de l'état-major de l'armée, il fit de ce centre une pépinière de chefs d'état-major de corps d'armée ou d'armée.

De cet ensemble d'organismes, jadis à peu près indépendants, désormais tous animés de son souffle, stimulés par son propre zèle et par l'intérêt qu'il portait à chacun, sortirent la longue suite de généraux éminents qui, bien préparés à tous les rôles, eurent à porter sur leurs épaules le lourd fardeau des événements de la guerre. Bornons-nous à citer quelques

noms parmi ceux que l'Histoire n'oubliera pas
de si tôt : Berthelot, Debeney, Anthoine, Hély
d'Oissel, Weygand, Grossetti, Maistre, Gouraud,
Mangin !

CHAPITRE III

LES PRINCIPES

Dans une pareille élite, sous l'impulsion d'un
pouvoir aussi fortement centralisé et d'une volonté
autoritaire comme celle de Joffre, au moment où
le patriotisme de la nation vibrait au diapason le
plus élevé, pouvait-il être prôné une *doctrine de
guerre* différente de celle de l'*offensive*, de l'*offensive à outrance?* Rien mieux que les deux conférences faites au printemps de 1911 par le lieute-
nant-colonel de Grandmaison, chef du 3ᵉ bureau
de l'état-major de l'armée, ne contribua à pré-
ciser et rendre populaire dans l'armée cette
manière de voir. L'originalité de la forme, comme
s'il en était besoin, vint ici se mettre au service
des idées. Aussi n'est-il pas douteux que ces con-

férences se gravèrent dans l'esprit de notre haut commandement, au point qu'on en retrouve les principes strictement appliqués dans le plan de guerre de 1914.

La notion d'offensive, avons-nous dit, est la seule que Joffre eût indiquée à ses lieutenants. Comment, en effet, risquer là moindre allusion à la défensive dans un milieu où l'on traite celle-ci d'«action d'ordre inférieur» qui « développe chez celui qui l'emploie une infériorité morale qu'aucun avantage matériel n'est capable de racheter (1). »

Mais en attaquant l'adversaire, et dame ! quand il s'agit de l'armée allemande, il est bien des précautions à prendre... A peine *en ce qui concerne le commandement*, répond Grandmaison : « Dans l'offensive, l'imprudence est la meilleure des sûretés ». Avant-gardes, détachements de protection, réserves, etc., ne sont qu'un « bon parapluie » pour celui qui s'en sert. « Dans la plupart des batailles livrées depuis qu'on fait la guerre, le vainqueur — faute de « sûreté » —

(1) Colonel de Grandmaison. — *Deux conférences faites aux officiers de l'état-major de l'armée. février 1911). — La notion de sûreté et l'engagement des grandes unités..* (Paris, Berger-Levrault.)

a toujours été à un doigt de sa perte et si, malgré tout, il a été vainqueur, cela tient à ce curieux hasard que le vaincu s'est constamment montré inerte, ataxique, au-dessous de tout,..

« La meilleure sûreté est dans une attaque à fond ; l'énergie de l'exécution rachète toutes les faiblesses et répare toutes les erreurs...

« L'expérience de tous les temps montre que dans l'offensive la sûreté s'obtient en provoquant, le premier, chez l'adversaire, cette dépression qui le rend incapable d'activité. Il n'existe pas d'autre moyen que l'attaque immédiate et totale. La moindre réticence avouée, même dans le détail, risque de lui faire perdre toute sa valeur... »

Nous voilà donc bien décidés à prendre l'offensive avec toutes nos forces et à « monter une attaque » véritable sans nous laisser absorber par « l'aide-mémoire » des « missions hypothétiques » qui emploieraient la « moitié de notre monde » et nous réduiraient à la vieille formule de l'offensive-défensive.

Mais si les Allemands sont prêts avant nous, nous laisseront-ils le temps de passer à l'offensive ? Cette objection ne prend pas Grandmaison au dépourvu. « Les Allemands, dit-il, ne sont heureusement pas allés jusqu'au bout de leur logique. Leur passion pour l'ordre et la méthode, ainsi que le souvenir du risque maintes fois couru en 1870 par l'imprudence de leurs avant-gardes, les ont fait dévier du droit chemin.

« Ils ont perdu de vue que la sûreté offensive, sur laquelle ils comptent, exige non seulement la violence et la simultanéité des attaques, mais encore la vitesse de l'engagement. Il leur faut du temps, beaucoup de temps, pour se ranger en bataille et préparer leur débordement. Nous trouverons peut-être là les pieds d'argile du colosse. »

Quant à craindre un danger sérieux de ce débordement, il ne peut exister que si nous nous tenons sur la défensive. Attaquons-nous, au contraire, « dès que l'ennemi est obligé de parer, de se défendre, il est soumis...

« Nous pourrons du reste ne pas trop nous préoccuper de savoir si notre front d'engagement dépassera celui de l'ennemi. Alors même qu'il lui serait un peu inférieur, dès que nous aurons imposé à notre adversaire l'obligation de se défendre et de parer les coups, c'est son front qui viendra nécessairement se mouler sur le nôtre. »

Et si l'ennemi persiste dans son extension du

front, alors, bien que nous soyons prévenus que
« cela n'arrive pas souvent », ne s'expose-t-il pas
à « rencontrer quelqu'un dans le genre de Napoléon qui lui fasse le coup d'Austerlitz? »

Enfin, il restera au chef une ultime ressource.
« Quand ses prévisions sur l'ennemi ne se réaliseront pas, il lui faudra compter habituellement,
non pas sur un changement hâtif de ses dispositions, mais sur la poursuite obstinée et vigoureuse de son plan offensif, même s'il est mal engagé. »

Ces principes ont avec certitude guidé l'établissement du plan XVII. Un examen sommaire des
dispositions principales de ce plan montrera leur
concordance avec une doctrine dont la vogue reposait sans conteste sur une bonne part de vérités
éclatantes, et ne faut-il pas voir dans le sentiment
d'opportunité que cet examen nous révèle l'un
des gages les plus certains de l'intelligence et de
l'entrain mis par la majeure partie des exécutants
à réaliser la pensée de leur chef?...

Notre rassemblement initial en 1914 comportait
cinq armées, un corps de cavalerie, plus des divisions d'infanterie, active ou réserve, groupées ou

non, maintenues à la disposition du commandant en chef.

La répartition d'ensemble se présentait comme il suit :

Ire armée (5 corps, 2 divisions de cavalerie), avait son quartier général à Épinal; elle était sous les ordres du général Dubail;

IIe armée (5 corps, 2 divisions de cavalerie, un groupe de 3 divisions de réserve) avec quartier général à Neufchâteau; le général de Castelnau la commandait;

IIIe armée (3 corps, une division de cavalerie; un groupe de division de réserve) constituait l'armée de Verdun, où était son quartier général; elle était aux ordres du général Ruffey;

IVe armée devait originairement rassembler ses 3 corps et sa division de cavalerie en seconde ligne, quartier général à Saint-Dizier; elle était sous le commandement du général de Langle de Cary;

Ve armée, l'armée Lanrezac, forte de 5 corps, une division de cavalerie, 2 divisions de réserve, avait son quartier général à Rethel.

Chacune de ces armées comptait en outre une artillerie lourde d'armée des calibres de 120 et 155 (canons et obusiers.)

Le corps de cavalerie (3 divisions), sous les ordres du général Sordet, se réunissait dans la région de Mézières (Q. G.).

Enfin les 12 divisions dont disposait le général en chef étaient :

3 divisions actives provenant de l'Afrique du Nord ou des Alpes et dont le transport avait été prévu soit à l'aile droite vers Épinal, soit à l'aile gauche vers Mézières ;

9 divisions de réserve (3 à Vesoul, 3 à Sissonne, une à Mailly, 2 dans le camp retranché de Paris.)

La presque totalité de nos forces actives se trouvait ainsi dès le début serrée dans le voisinage de la frontière. Il n'est pas de meilleure preuve de la volonté expresse qu'avait Joffre d'exécuter une attaque effective « toutes forces réunies », de livrer une bataille immédiate sans se laisser émouvoir par la grandeur et l'importance de l'acte qui résulterait de sa décision. Depuis Napoléon on n'avait jamais vu aucun général se préparant à lancer ainsi ses troupes dans une mêlée gigantesque, sans arrière-pensée, avec la seule intention d'en imposer à son adversaire, le dominer et le détruire.

Cette attaque grandiose avidement recherchée, Joffre espérait pouvoir l'entreprendre à partir du douzième jour, avant que les Allemands prissent eux-mêmes l'offensive; il l'avait organisée sous une forme qui n'excluait ni combinaisons, ni prudence.

Elle comporterait deux efforts principaux : l'un à droite entre le Rhin et la Moselle en aval de Toul; l'autre à gauche au nord de la ligne Verdun-Metz. Entre les deux, sur les Hauts de Meuse et masquant Metz, la III° armée assurerait la liaison et la continuité du front d'attaque.

En montant l'attaque de droite, il s'agissait accessoirement d'exécuter un raid en Alsace : pouvait-on concevoir l'armée française ne cherchant pas, dès les premiers jours de la guerre, à tendre la main à nos frères jamais oubliés de Mulhouse, de Colmar et des vallées vosgiennes ? Joffre avait prévu cette opération avec ses éléments d'extrême-droite à partir du quatrième jour. Quant à l'attaque principale menée par le gros des armées de droite, elle visait à obtenir la rupture stratégique du front ennemi. En tout état de cause, par les inquiétudes qu'elle donnerait à l'ennemi dans les directions de Château-Salins et

Sarrebourg, elle neutraliserait d'importants effectifs adverses et, puisque le centre des débarquements ennemis se trouvait dans cette région, elle prévenait la tentative de séparation de nos forces que les Allemands pouvaient bien méditer. Qu'on songe à l'état de nos armées au cas où celles-ci, violemment fractionnées en deux tronçons, se verraient rejetées les unes dans la direction de la Loire, les autres vers la frontière belge. N'était-ce point se défendre de la meilleure manière que d'attaquer sur cette partie du front? Certes, on se heurterait à des terrains organisés depuis longtemps, à des obstacles naturels puissamment renforcés; aucun officier français ne l'ignorait, l'ayant appris sur les bancs mêmes des écoles militaires; mais une défense passive, exécutée en demeurant l'arme au pied, ne sert de rien, et sait-on si les offensives des Ire et IIe armées n'ont pas préservé de l'invasion la plus grande partie de nos marches de l'Est? Grâce à elles les Allemands ne sont point entrés à Nancy; grâce à elles le pivot de notre manœuvre ultérieure a pu tenir. Elles ont contribué dans une large part à la victoire de la Marne. Voilà pourquoi il serait injuste de qualifier de « folie » le fait d'être allé

« s'engouffrer » entre Metz et Strasbourg. Mais n'anticipons pas...

Si importante que fût en soi l'attaque de droite, elle était rigoureusement conjuguée avec celle de gauche qui, dans l'esprit de Joffre pouvait devenir la principale. Se déroulant sur les terrains libres du Luxembourg et du Palatinat, elle marcherait droit sur Trèves et provoquerait ainsi l'évacuation complète de la rive gauche du Rhin par les armées allemandes. Elle était également en mesure de parer à tout mouvement enveloppant qui se dessinerait à travers la Belgique. C'était un rôle d'offensive, celle-ci non pas directe et brutale, mais basée sur la manœuvre, que Joffre envisageait pour sa V° armée, une manœuvre délicate, imprécise jusqu'à ce que l'ennemi eût révélé son jeu, dans ce pays boisé et marécageux des Ardennes, à proximité de voisins dont nous devrions respecter la neutralité, au contact de troupes alliées sur lesquelles l'autorité du général en chef serait loin d'être absolue. Et la variété des combinaisons à prévoir, l'incertitude des conditions stratégiques faites à cette armée ne devaient point émousser sa capacité d'offensive. A son chef d'avoir simultanément la perspicacité, le coup d'œil, l'esprit de décision et la volonté nécessaires pour engager la bataille dans les conditions les plus favorables, la poursuivre jusqu'au succès.

Au début, la IVᵉ armée se tiendrait prête à s'engager soit au sud de Verdun avec l'attaque de droite, soit au nord avec l'attaque de gauche. Ce point d'indécision — il ne fut pas de longue durée — est le seul consenti dans le plan de Joffre au regard des dispositions de l'adversaire.

On savait que ce dernier attaquerait ; c'était dans la tradition nécessaire de l'impérialisme germanique.

On savait également que la doctrine de guerre allemande, à quelque échelon de commandement que ce fût, reposait en principe sur l'enveloppement d'une aile et l'on avait des raisons de croire que l'enveloppement par la Suisse se heurterait à des obstacles incomparablement plus sérieux que celui par la Belgique. L'armée belge, sans cesse en voie d'un accroissement parcimonieux, ne présentait à aucun degré la puissance ni la vigueur de l'armée suisse et les plaines de Belgique offraient des ressources de toute nature bien autrement attirantes pour une armée moderne que les montagnes du Jura.

Mais jusqu'où s'étendrait le front allemand vers le nord? Et sur ce front, quelle serait la répartition des gros chargés de l'offensive?

CHAPITRE IV

LES HYPOTHÈSES

Toutes les hypothèses, y compris les extrêmes dans les deux sens, avaient été envisagées et, avant de prendre un parti, Joffre a dû longuement méditer sur celle à laquelle on faisait les plus fréquentes allusions avant la guerre. On serait donc mal venu à lui reprocher de l'avoir ignorée, pas plus d'ailleurs que d'avoir méconnu l'importance du passage des Allemands à travers la Belgique et le danger que présentait ce passage pour notre pays.

Comment ignorer en effet que les Allemands méditeraient d'envahir la France en violant la neutralité belge alors que les trois puissances intéressées discutaient déjà cette manœuvre avant

1870 ? La question s'était posée en 1867 à propos de l'affaire du Luxembourg : la France étant alors considérée comme l'envahisseur probable. Mais aussitôt après 1870, les rôles éventuels s'intervertirent, en dépit des ragots d'outre-Rhin et, depuis, on a généralement estimé que s'il y avait un jour violation du territoire belge, ce serait l'œuvre de l'armée allemande.

Quoiqu'il en soit, on ne s'en préoccupa jamais en France qu'au point de vue des mesures de précaution qu'il y avait lieu de prendre. En 1876, le général Séré de Rivière soutient dans son projet de défense que la neutralité conférée à la Belgique par les conventions internationales est pour nous sans valeur suffisante et exige de se voir étayée par de solides camps retranchés à Lille, à Maubeuge et à Reims.

A peine nos places fortes de l'est sont-elles sorties de terre, certains auteurs déclarent que les Allemands, cherchant à les éviter, auront recours aux espaces libres du Nord, et chaque renforcement de notre frontière de Lorraine provoque une recrudescence dans cette conception.

En Belgique règne un sentiment analogue. Après avoir donné l'éveil en 1867, Brialmont affirme en 1882 que le territoire belge sera violé par ses puissants voisins et il conçoit en 1888 les grandes places de la Meuse. Elles serviront d'avancées au camp retranché d'Anvers que l'on complètera par la suite en 1905-1906. Successivement et jusqu'à la veille de la guerre, les voix les plus autorisées en Belgique répandent, avec des modalités différentes, l'opinion émise par Brialmont. Et si les sphères dirigeantes restent indécises sur ce qu'il conviendra de faire en cas d'invasion, il s'élève dans les couches populaires un vif désir de s'opposer par la force à l'envahisseur attendu de l'est. De là les sacrifices consentis par la nation belge en 1909 où le service militaire devient personnel, puis en 1913 où il est généralisé.

En Allemagne, celui que l'on considérait comme le porte-parole autorisé du grand état-major, le général von Bernhardi, proclamait que la Belgique serait foulée aux pieds par les armées allemandes, que c'était une nécessité d'ordre stratégique et que nécessité tient lieu de loi; on connaît aujourd'hui l'antienne du militarisme prussien renforcé par la diplomatie du chiffon de papier! Il y avait mieux toutefois que les polémiques de presse ou les ouvrages écrits par des techniciens pour ouvrir les yeux, s'il l'eût fallu, à notre haut commandement : ce sont les préparatifs militaires eux-mêmes de l'Allemagne sur sa frontière de Belgique au nord de Trèves.

De ce côté, l'activité stratégique allemande avait débuté aux approches de 1900 par des constructions de voies ferrées nouvelles avec quais ou chantiers à fins militaires et des raccordements avec le réseau belge ; elle coïncidait à peu de choses près avec l'augmentation de l'armée et avec les débuts de l'Entente cordiale. Fondée sur ces deux motifs, on pouvait logiquement en conclure que la violation de la Belgique, menaçant à la fois la France et l'Angleterre, acquérait une ampleur inusitée.

L'inconnue délicate à déterminer dans ce problème était justement le rayon du mouvement débordant qu'exécuteraient les Allemands. La riposte étant fonction de ce rayon, l'essentiel était d'obtenir des précisions sur celui-ci.

Fallait-il considérer la conversion des armées allemandes comme devant se prolonger jusqu'à la mer, cherchant ainsi à réaliser, toujours contre l'Angleterre, la menace que Napoléon plaçait dans Anvers ? Aujourd'hui encore, en l'absence de tout document officiel sur les intentions véritables .du haut commandement allemand, le doute subsiste.

S'agissait-il au contraire d'écorner simplement le Luxembourg belge en se maintenant sur la rive droite de la Meuse pour déboucher en France au nord de Verdun, entre Dun et Mézières ?

Ou bien, troisième hypothèse intermédiaire entre les précédentes, le mouvement débordant en rive gauche de la Meuse viserait-il à pousser l'aile marchante vers les sources de l'Oise pour descendre sur Paris par la voie séculaire des grandes invasions germaniques ?

Il existe là-dessus une abondante littérature militaire d'avant-guerre, en France comme en Allemagne, en Belgique ou en Angleterre et jusqu'en Hollande. Nous y renvoyons le lecteur. Bornons-nous ici à enregistrer que la manœuvre la plus accréditée dans les milieux compétents se rapportait à la violation du Luxembourg belge, à l'exclusion de la rive gauche de la Meuse. C'était la solution prônée par Bernhardi lui-même ; elle était fondée sur une série d'arguments méritant d'être pris en sérieuse considération : possibilités admises en effectifs et front de déploiement acceptable, eu égard à ces effectifs ; les colonnes allemandes pouvant déboucher sur la trouée de Stenay vers le seizième jour, l'événement ne s'en trouvait pas trop retardé ; elle n'isolait pas le groupe de Belgique du groupe de Lorraine, chacun gardant son aile respective au contact de la région fortifiée Metz-Thionville ; elle incitait les Belges à ne pas s'opposer au passage et causait un minimum d'appréhensions anglaises ; elle se développait enfin hors des fortifications belges de la Meuse qu'un simple camouflage suffirait à masquer. Certes, déjà Vauban avait signalé combien il était difficile de guerroyer dans cette région des Ardennes ; mais depuis le XVII° siècle le progrès y avait fait son œuvre. D'ailleurs, quand on le veut, ne se bat-on pas partout ?

Il restait cependant, tant chez nous qu'à l'étranger, des partisans résolus des autres hypothèses, y compris celle de l'attaque principale allemande déclenchée en Lorraine. Les adeptes du débordement extrême, considérant d'une part qu'il s'agirait, dans la prochaine guerre, autant de vider le différend anglo-allemand que de réaliser la revanche française ; que, d'autre part, les ressources de nos industries du Nord offrent un attrait irrésistible aux grandes armées, suggéraient une concentration de nos forces avec centre de gravité non plus en Lorraine, mais vers Maubeuge ou plus à l'ouest, et réclamaient l'amélioration urgente des camps retranchés de Lille, Dunkerque, Maubeuge et Givet.

Ceux dont les regards persévéraient à se tourner vers la Lorraine arguaient du retard dans la décision qu'apporterait la manœuvre débordante et les difficultés naturelles du terrain. En Allemagne même, au cours des années ayant immédiatement précédé 1914, des esprits pondérés reconnaissaient le danger des vastes mouvements tournants et, sentant combien chimériques étaient les plans pangermanistes, ils en revenaient à prôner les attaques frontales, le percement au centre de notre dispositif. Moltke n'avait-il pas écrit en 1868 : « Si la France passe outre à la neutralité de la Belgique et du Luxembourg, son armée s'affaiblira considérablement par les détachements laissés devant Bruxelles et devant Anvers ? » Ce qui était vrai pour les Français en 1868 l'était-il moins pour les Allemands de 1913?...

Tout récemment, dans les Balkans, les offensives serbes et surtout bulgares du début contre les Turcs, ayant assuré le succès final de la campagne, avaient contribué à remettre en faveur à Berlin la conception de l'attaque immédiate, rapide, celle du coup droit qui nous couperait en deux sur la Moselle, à hauteur de Charmes-Bayon, et calmerait les velléités interventistes de nos amis russes ou anglais.

Tout compte fait, en 1913, aucune hypothèse sur le plan de guerre allemand n'était pour nous négligeable, et les critiques ont beau jeu de crier après l'événement : « Je vous l'avais bien dit ! ». Leurs récriminations s'entendent d'autant mieux que ceux ayant soutenu les autres solutions se tiennent forcément cois. La vérité c'est donc que Joffre n'a ignoré aucune des combinaisons en présence. Il a même longuement examiné le projet de son prédécesseur au commandement éventuel des armées françaises et, s'il ne s'y est pas rallié, c'est pour des raisons plus fortes que tous les dangers qu'il semblait volontairement négliger.

En exposant ces raisons, on montrera qu'il n'avait aucunement méconnu l'importance d'une violation de la neutralité belge par les armées allemandes et qu'il avait su prendre des dispositions paraissant propres à en limiter les effets.

D'abord le point de vue diplomatique. Préparer un projet d'opérations pour s'opposer à l'armée allemande ayant traversé la Belgique ressemble à s'y méprendre à un projet dans lequel on se proposerait de la traverser soi-même. En l'état de nos relations internationales, pouvions-nous passer outre à cette objection? Si nous avions fait mine de nous préoccuper dès le temps de paix du geste éventuel allemand, n'eussions-nous pas empêché de se produire les conséquences politiques de cet acte? L'armée belge, incertaine du côté où lui viendrait l'appui, aurait pu se jeter prématurément dans les bras de l'Allemagne. L'Angleterre se fût montrée soupçonneuse. Qu'on se rappelle la série d'utiles précautions militaires prises au début de la guerre pour laisser éclater aux yeux du monde attentif le caractère agressif de l'Allemagne. Aucune attitude autre que celle de la foi complète dans les traités ne nous était permise et notre confiance apparente dans l'acte

décidant de la neutralité belge devait aller jusqu'à
la crédulité. Jamais aucun gouvernement n'eût
autorisé l'état-major français à prendre sur notre
frontière du nord des mesures de préparation
analogues à celles prises dans l'est, et aucun Français, aujourd'hui encore, ne saurait l'en blâmer.
Bien plus, rappelons-nous le projet de M. Messimy, ministre de la Guerre en 1911, reprenant
celui de M. de Freycinet de 1899 qui comportait
le démantèlement des places du nord : Lille,
Maulde, Flines, Hirson...

En vérité, la richesse et la densité de notre
réseau ferré du nord nous devait permettre de
faire face rapidement ; raison logique de s'en
moins préoccuper à l'avance ; à toute éventualité
on aurait sans doute le temps de parer.

Autre motif plus sérieux : escompter de façon
absolue dans notre plan l'hypothèse du débordement maximum, c'était ruiner l'exécution du plan
offensif prévu, voulu, nécessaire. En effet, si l'on
voulait s'opposer *a priori* à la marche possible
des Allemands sur Bruxelles et Lille ou sur la
trouée de l'Oise, il fallait non pas se déployer en
cordon de Lille à Belfort, ce qui, étant donné nos
effectifs, eût été le comble de l'absurde, mais con-

server des troupes réservées en arrière de la frontière belge, et le mieux était de les maintenir dans la région parisienne, à la poignée de l'éventail de nos voies ferrées. C'était donc revenir aux conceptions de défensive-offensive qu'on venait à peine d'extirper; c'était faire en Lorraine un simulacre d'attaque puisqu'on y allait sans avoir au préalable groupé tous ses moyens; c'était avant l'action renoncer aux meilleures chances de réussite.

Par ailleurs, si les Allemands tentaient ce mouvement débordant à si grande envergure, ne devaient-ils pas perdre du temps; un temps précieux plus encore pour eux que pour nous, car au contraire de nous, ils avaient besoin d'une décision si rapide qu'elle devait être en quelque sorte instantanée.

Voilà pourquoi — *limitant raisonnablement le champ de ses prévisions à l'hypothèse d'une invasion à travers le Luxembourg belge,* Joffre estima qu'au mouvement sur Bruxelles et le littoral les armées belge et anglaise feraient tout d'abord face. La résistance de ces armées conjuguée avec l'aire à parcourir par l'ennemi lui donnerait le temps de faire sentir les pleins effets de son offensive en Lorraine et dans la direction de Luxembourg. Rassemblée de manière à pouvoir faire face dans la direction de Neufchâteau à la manœuvre débordante la plus probable par la rive droite de la Meuse, ou à se porter en avant sur Luxembourg-Trèves, l'armée Lanrezac réalisait une sorte de compromis entre les deux volontés en expectative, celle de Joffre et celle de Moltke le jeune. Au surplus, la vigueur dans les attaques saurait bien obliger les adversaires à venir mouler leur front l'un sur l'autre...

En résumé, après avoir assuré la réunion de nos forces dans des conditions de rapidité comparables à celles de l'armée allemande, Joffre a voulu utiliser au mieux l'égalité de moyens stratégiques sur ce point en imposant à l'ennemi une bataille immédiate, totale, dans laquelle il se jetterait sans regarder en arrière. Fermement résolu à jouer le sort de son armée, il savait qu'il engageait irrémédiablement celui de la France dans ce colossal choc de début.

Conception héroïque, gigantesque ; vision extraordinaire d'un geste irrévocable devant lequel avaient jusque-là reculé tous ceux qui, avant lui, eurent un moment en leurs mains les destinées de notre patrie ; geste qu'il caressa quinze mois durant, du printemps de 1913 au mois d'août de l'année suivante ; geste qu'il fit sans que son épais sourcil se fronçât, sans qu'un voile ternît l'éclat de son œil bleu !

Cette bataille voulue, Joffre la livrera sur le terrain qu'il aura choisi, comptant bien par sa propre résolution en imposer finalement à son adversaire. Il visera l'ennemi pour le frapper droit au cœur après avoir adopté la solution moyenne, à l'écart des extrêmes, symptôme d'un éminent pouvoir d'équilibre, d'un bon sens supérieur après avoir donné la mesure d'une volonté inflexible.

Ayant ainsi apporté pour lui-même l'un des facteurs essentiels de la victoire, le caractère du chef, Joffre s'en remettra avec confiance au deuxième facteur, la vaillance des combattants. Et ardent optimiste, il croira en eux comme en soi.

DEUXIÈME PARTIE

LA BATAILLE DES FRONTIÈRES

On prête au vieux Moltke ce mot, qu'un plan de campagne ne peut pas prévoir au delà de la première bataille.

C'est même déjà trop si l'on n'a point devant soi, commandée par un Mack ou un Bazaine, une armée qui se trouve frappée d'ataxie congénitale et reste irrémédiablement vouée à la passivité par pauvreté intellectuelle de son commandement.

La première bataille, qui est fonction de notre propre concentration, l'est en effet bien davantage de celle qu'exécutera l'ennemi et dont la révélation nous sera fragmentaire, à mesure que s'exécutera la nôtre.

Voilà pourquoi, dans le plan XVII établi à l'avance par Joffre, celui-ci s'est borné à mettre en place ses grandes unités, dans un ordre lui paraissant propre à faire face aux prévisions les plus admissibles. Et quant aux opérations proprement dites, il s'est limité à en indiquer l'esprit, un esprit tout imprégné d'offensive, mais sans prétendre, ainsi qu'avait cru pouvoir se permettre Moltke en 1870, à « régler dans ses moindres détails la première marche en avant jusqu'à la frontière. »

On va s'efforcer, autant que le permet l'état actuel de la documentation sur la matière, d'analyser les fluctuations successives qu'a dû subir dans cet ordre d'idées la pensée du haut commandement français pour la période comprise entre le 2 août 1914 et la bataille dite « des frontières », du 14 au 25 août, livrée sur le front de l'Alsace à la Sambre.

La mobilisation allemande commence dès les derniers jours de juillet. De notre côté, dans le but de ne point fournir le moindre prétexte qui nous donnerait l'air d'être les provocateurs, nous retardons jusqu'au 2 août la proclamation de l'ordre de mobilisation, nous bornant avant cette date à rappeler les officiers permissionnaires et à ramener dans leurs garnisons les unités en période d'exercices dans les camps d'instruction.

Ainsi, l'Allemagne a sur nous une avance

incontestable, et il est permis de se demander si, tant du fait de son initiative diplomatique que par application de la doctrine si controversée de l'attaque brusquée, nous trouverons le temps nécessaire à l'achèvement des opérations prévues à notre plan de concentration.

Durant les six premiers jours de la mobilisation, soit du 2 au 8 août, les troupes de couverture, progressivement renforcées, doivent à elles seules supporter le choc éventuel de l'ennemi.

A partir du septième jour, et pour une durée de cinq fois vingt-quatre heures, du 9 au 13 août, les chemins de fer amènent sur la base de concentration les éléments combattants de l'armée ; de sorte que le 14 août au matin, si rien par ailleurs n'est venu jeter le trouble dans notre dispositif, nous entrons, pour notre compte, dans la phase des grandes opérations proprement dites.

D'après ce qui précède, Joffre dispose donc de douze jours environ pour donner sa forme définitive à l'attaque « toutes forces réunies » ébauchée dans son plan. Les renseignements recueillis sur l'ennemi au cours de cette période vont lui permettre d'exécuter cette œuvre délicate de mise au point.

Chacun sait que les renseignements sont, aux différents échelons de l'armée, fournis par l'organe qu'on nomme le deuxième bureau de l'état-major. A l'échelon suprême, le deuxième bureau, tout en exploitant les indications recueillies par les échelons subordonnés, est directement orienté par le général en chef qui, en même temps qu'il établit son plan de concentration, c'est-à-dire antérieurement à l'ouverture des hostilités, indique au dit deuxième bureau les points sur lesquels il y a lieu de diriger ses investigations. Cette orientation, contenue dans ce qu'on appelle le *Plan de renseignements*, est en quelque sorte le miroir des préoccupations, dans l'ordre stratégique, du commandant en chef.

A ce sujet, Joffre désirait avant tout connaître si des préparatifs d'offensive brusquée avaient lieu en Allemagne dans les directions des ailes neutres, soit vers Bâle, soit sur Liège. En ce qui concerne le Luxembourg et la Belgique, il était essentiel d'être fixé sur l'importance des rassemblements ennemis qui pouvaient s'effectuer à proximité de la frontière commune de ces pays avec l'Allemagne. Joffre précisait les zones intéressantes de cette frontière : entre Moselle et

Sarre, autour de Trèves, face au Luxembourg; plus au nord, touchant la Belgique, la région Bittburg, Neuerbourg, le secteur Gérolstein, Prunn, Saint-With, Malmédy; enfin la région Duren, Aix-la-Chapelle.

Puis, entrant dans le détail, il désirait essentiellement savoir jusqu'où s'étendaient au nord les groupements importants et la nature exacte des troupes qu'ils comprenaient : formations actives ou uniquement formations de réserve. En particulier, la présence de ces dernières seules dans la région au nord de Trèves et l'exécution de travaux de fortification dans les vallées de l'Our et de la Sûre, constituaient pour le haut commandement français un recoupement de première valeur.

Ceci posé, et au cas où l'ennemi pénétrerait en Luxembourg et en Belgique, Joffre demandait que l'on suivît pas à pas ses progrès pour se rendre constamment compte de l'extension du mouvement de son aile nord.

Il indiquait enfin une série de lignes sur lesquelles les agents du service des renseignements n'auraient qu'à attendre l'arrivée soit de la cavalerie, soit des troupes de toutes armes, et les signaler ensuite. En vérité, ces transversales successives ne sont tracées que sur rive droite de la Meuse; elles laissent donc implicitement la faculté de conclure par les exécutants que l'hypothèse du passage des Allemands en rive ouest de la Meuse se trouve, sinon écartée, du moins reléguée à l'arrière-plan dans l'esprit du général en chef.

Quoiqu'il en soit, les chapitres qui vont suivre permettront de vérifier si, possédant les qualités de flair nécessaires, les deuxièmes bureaux des grands états-majors ont fait preuve d'une perspicacité suffisante pour résoudre *en temps opportun* les inconnues d'un problème dont les termes avaient été posés par Joffre avec la plus évidente netteté.

CHAPITRE I

MOBILISATION ET COUVERTURE

(Du 2 au 8 août.)

Dès le 2 août, deux événements jettent une première lumière sur les intentions prochaines de l'ennemi : de grand matin, les troupes allemandes envahissent le grand-duché du Luxembourg par les ponts de Wasserbillig et de Remich ; le soir, à 19 heures, le ministre allemand à Bruxelles remet au gouvernement belge un ultimatum demandant le libre passage des armées allemandes à travers la Belgique.

L'un et l'autre n'ont pas, au point de vue militaire, une égale importance. Le premier comporte une conclusion positive, à savoir qu'un effort allemand sera certainement exécuté sur notre frontière *au nord de Verdun ;* il donne la certitude que les opérations s'étendront au moins jusqu'à la trouée de Longwy. A lui seul, il suffit pour déterminer le jeu des réflexes mentaux chez le commandement français qui, en effet, prescrit dans la journée du 2 l'exécution de la variante prévue au plan XVII dans la concentration de la IVᵉ armée : cette armée se glissera entre les IIIᵉ et Vᵉ et, dans ce but, la Vᵉ armée, également variantée, voit la zone de ses débarquements légèrement reportée vers le Nord.

Quant à l'ultimatum à la Belgique, à cette date, il n'est qu'un indice, symptomatique à coup sûr, mais ne comportant pas, comme le précédent, une mesure militaire immédiate. Encore du domaine diplomatique exclusif, c'est bien à l'activité des diplomates européens qu'il s'adresse plus spécialement. On a dit que ce document faisait prévoir, en plus de l'invasion du territoire belge, l'extension que prendrait le mouvement allemand à travers la Belgique. Or, si l'on fait abstraction des événements ultérieurs, il ne paraît pas que l'allusion faite dans cette mise en demeure, aux difficultés que les Belges opposeraient à la marche en avant des troupes germaniques « par une opposition des fortifications de la Meuse », soit de nature à fournir une pareille précision. L'action de ces forteresses s'exerce aussi bien dans le cas où la vallée elle-même constituerait un axe de marche pour leurs armées. De toute façon, aucune indication n'est risquée sur l'importance des effectifs qui seront mis en œuvre à travers la Belgique.

Si donc le commandement français est autorisé à tirer des événements de la journée du 2 août une conclusion sur le plan de son adversaire, il ne peut avec certitude qu'en déduire ceci : l'effort allemand s'étendra sur notre aile gauche à l'ouest de la trouée de Longwy. Il oriente aussitôt dans la journée du 3 vers cette trouée de Longwy son corps de cavalerie, réuni dans la région de Mézières.

Là-dessus, les événements suivent leur cours en Belgique. Le 3 août, le gouvernement belge repousse l'ultimatum arrogant ; mais il ne fait point encore appel aux puissances garantes de sa neutralité. Dans la nuit du 3 au 4, les Allemands entrent en Belgique par les routes comprises entre Aix-la-Chapelle et Malmédy ; le 4, dans l'après-midi, l'attaque de Liège se produit. Ces faits parviennent à la connaissance de Joffre en même temps que certains avis estimant que l'invasion allemande en Belgique n'est encore rien moins que certaine, et qu'en tout état de cause il convient de se montrer très réservé dans les mesures militaires à prendre de ce côté pour ne pas donner prise à la critique internationale. Jusqu'au 4 août dans la soirée, nos troupes ne seront pas autorisées à pénétrer en territoire belge.

Sitôt cette autorisation accordée, Joffre envoie au G. Q. G. belge un officier de liaison chargé d'établir les bases de la coopération que demandent les Belges et il dirige son corps de cavalerie sur la clairière de Neufchâteau, au point de convergence des routes qui viennent du grand-duché de Luxembourg. Il donne au général Sordet, commandant de ce corps, une mission d'exploration bien précise et lui fournit en même temps les moyens de transport et l'infanterie qui lui permettront de remplir convenablement cette mission.

Comme précisions sur les mouvements de l'ennemi, Joffre sait que l'attaque de Liège a été exécutée par une armée d'au moins trois corps ; mais le renseignement ajoute que les forces opérant dans cette région paraissent avoir été exagérées et ne sont pas encore identifiées. Par contre, on lui annonce qu'un bataillon de sapeurs de chemins de fer vient de débarquer à Luxembourg et que des préparatifs faits à la gare de cette ville laissent prévoir des débarquements de troupes nombreuses.

Deux jours plus tard, le 6, nouveaux détails sur l'attaque brusquée de Liège ; on sait qu'il y avait des éléments de cinq corps d'armée, quatre divisions de cavalerie ; on connaît la proclamation affichée sur les murs de la ville et signée du général von Emmich, commandant d'armée. Mais du 4 au 6, le calme s'est rétabli ; l'armée belge a opéré sa concentration dans le secteur prévu Louvain, Tirlemont, Wavre, Pervez, et la division d'armée détachée à Liège a pu rejoindre le gros sans se voir inquiétée.

Dans tout cela, aucun renseignement ne paraît plus concluant que ceux connus dès le 2 août. Cependant, une décision de la part de l'ennemi aussi grave que celle de la violation du territoire belge, même au point où elle est seulement parvenue, ne peut que logiquement faire présager une opération d'ordre stratégique sur notre gauche. Joffre fait donc préparer le transport sur Laon des 37e et 38e divisions d'Afrique, deux des trois divisions actives maintenues, dans le plan XVII, à sa disposition. Ces divisions pouvaient être acheminées soit sur l'aile droite, soit sur l'aile gauche de notre dispositif, selon les circonstances. Mais sur l'aile droite, rien ne paraît devoir se produire, en dépit du flot de renseignements venus de Suisse ou d'ailleurs, sur de prétendues troupes autrichiennes qui seraient transportées en haute Alsace ou dans la région de Fribourg et qui s'apprêteraient à nous attaquer en direction de Belfort. A noter que ces craintes sont vivement exprimées par notre 7° corps qui dès le 5 a reçu l'ordre d'attaquer en Alsace à partir du 7 au matin.

Plus justifiées paraissent être, à l'autre aile, les préoccupations qu'inspirent à la V° armée les nouvelles reçues du Luxembourg belge. Cette armée songe aussitôt à collaborer pour son propre compte aux destructions de voies ferrées ou autres que les Belges exécutent abondamment sur l'ordre de leur roi. Mais l'heure n'est pas encore des mesures extrêmes, et Joffre prescrit de ne rien détruire sans ordre précis de sa part, quand bien même l'ennemi menacerait de prendre pied au sud-ouest de la Meuse.

Le 7 août, tandis que le calme persiste autour de Liège, on apprend que, plus au sud, des troupes allemandes descendent sur Marche et Rochefort et que des travaux défensifs sont en cours sur le front Luxembourg, Arlon. N'en serait-on pas autorisé à déduire qu'en arrière de ces tranchées de couverture va se constituer une masse qui s'ébranlera bientôt en direction du sud-ouest et que dans ces conditions l'ennemi ne s'étendra pas au-delà du Luxembourg belge ?

Face au centre, pas d'accroissement sensible autour de Metz, Thionville. Par contre, des rassemblements importants sont en formation dans la région Sarrebourg, Strasbourg, Schlestadt.

Enfin, en Haute-Alsace, le 7e corps bien que prudent à l'extrême semble devoir gagner du terrain sans se heurter à des troupes très supérieures.

En résumé, le 7 au soir, Joffre a le sentiment que la concentration allemande en cours comprendra deux masses principales : l'une en Lorraine et Basse-Alsace, l'autre en Luxembourg, reliées entre elles par la région fortifiée Metz, Thionville solidement tenue dès le premier jour.

Sur les ailes, l'activité ennemie s'est révélée sous deux formes différentes : par aspiration devant notre 7° corps, en Alsace ; par attaque brusquée, sur Liège ; — deux amorces peut-être pour nous attirer soit d'un côté, soit de l'autre et nous amener par des moyens différents à dégarnir notre centre au profit des ailes. — En outre, l'occupation de Liège, non suivie de mouvements vers l'ouest, peut n'être autre chose qu'une sécurité prise à l'égard de l'armée belge ; il importe en effet de lui interdire l'usage d'une bonne tête de pont qui lui permettrait de déboucher sur les derrières de la concentration allemande.

Sur des données aussi vraisemblables, on peut dès à présent asseoir une manœuvre et il convient de la déterminer au plus vite, car sait-on si l'ennemi lui-même ne va pas prochainement, sitôt son rassemblement terminé, passer à l'offensive ?

Telles sont les conditions dans lesquelles Joffre établit l'Instruction générale n° 1 qui porte la date du 8 août 1914, 7 heures. Dans cette instruction, il redit sa volonté d'attaquer : « L'intention du général commandant en chef est de rechercher la bataille toutes forces réunies, en appuyant au Rhin la droite de son dispositif général ». Il la répète en terminant : « Les commandants d'armée prescriront dès maintenant les mouvements préparatoires de nature à faciliter l'offensive et à la rendre foudroyante. »

Il expose l'opinion qu'il s'est faite des intentions de l'ennemi ; la complexité ainsi que les lacunes de son texte révèlent l'imprécision des renseignements qu'il avait pu recueillir sur la situation de son adversaire.

« Devant les Ire et IIe armées, dit-il, les forces ennemies ne paraissent pas dépasser la valeur de six corps d'armée environ.

« Autour de Metz, devant Thionville et dans le Luxembourg, semble devoir être le groupe principal des armées allemandes, établi pour déboucher vers l'ouest, mais également en situation de converser vers le Sud, en s'appuyant sur la place de Metz.

« Au Nord, une armée allemande, où l'on trouve les éléments de cinq corps d'armée, a pénétré en Belgique, et est engagée en partie contre les forces belges. »

Incertain du degré de préparation de ces masses, il peut être attaqué à l'improviste, surtout par le groupement principal. Aussi n'hésiterait-il pas à reporter au besoin en arrière la gauche de son dispositif « pour éviter un engagement qui pourrait être décisif pour l'une des armées, avant le moment où les autres seraient en mesure de l'appuyer. »

Mais il est également possible que le retard subi par les Allemands devant Liège, ou par le mouvement de rabattement qu'ils feraient vers le sud, nous donne « le temps de porter notre aile gauche en avant. » On sent par ces mots que, dans l'esprit du commandant en chef, l'entrée des Allemands en Belgique ne porte aucune atteinte à sa volonté antérieure d'offensive.

A remarquer la conception qu'il a du rôle des grandes places modernes et qu'il prête à son adversaire. La région fortifiée Metz-Thionville sert d'abord d'appui aux groupements de forces voisins, appui d'aile gauche pour le groupe principal, appui d'aile droite pour les six corps réunis en Lorraine. C'est là une des raisons pour lesquelles il considère que ce serait une faute de la part des Allemands s'ils entamaient un mouvement débordant trop large, perdant ainsi le contact protecteur du pivot de Metz; il lui répugne de leur prêter cette erreur de doctrine et en réalité, seules des circonstances d'exécution ne nous ont pas permis d'en tirer tout le parti désirable avec nos armées voisines de ce pivot.

En second lieu, Metz-Thionville constitue un rideau impénétrable, à l'abri duquel les Allemands peuvent exécuter tel mouvement de rocade jugé avantageux : le groupement principal, s'il peut se porter vers l'Ouest, peut également, en arrière de Metz-Thionville, converser vers le Sud, sans s'exposer à être pris en flanc par nos propres forces.

Enfin, troisième manœuvre possible : les forces groupées autour de Metz en peuvent déboucher directement dans les meilleures conditions d'efficacité, surprise et armements de la place.

Face à ces multiples éventualités, Joffre devra prévoir un jeu serré de ses unités et il s'efforcera en outre, pour son propre compte, d'exploiter les avantages analogues que lui procure le camp retranché de Verdun prolongé par les Hauts-de-Meuse.

C'est ainsi que la IIe armée, ayant à agir offensivement en direction générale de Sarrebrück sur le front Dieuze, Château-Salins, Delme, se couvrira face à Metz et laissera à la disposition du commandant en chef ses deux corps d'armée de gauche dans la région Bernécourt, Rosières-en-Haye, « prêts à s'engager face au nord. »

Même double mission à la III⁰ armée, établie sur le front Flabas, Ornes, Vigneulles ; elle devra être « prête à agir dans la direction du nord, l'aile gauche marchant sur Damvillers, ou à contre-attaquer toutes les forces qui déboucheraient de Metz. »

La IV⁰ armée, réunie face au nord entre Servon, Aubréville et Souilly, appuie son aile droite au camp retranché de Verdun ; elle pourra ainsi s'engager sans arrière-pensée dans la direction du nord, jusqu'au delà de la Meuse, si besoin est.

Ce rôle complexe et actif des places fortes en liaison avec les troupes de campagne voisines est bien mis en relief par les prescriptions de Joffre et l'utilisation qu'il envisage de ces camps retranchés dès le 8 août prélude à l'usage qui sera fait de celui de Paris quelques semaines plus tard. Semblable manœuvre était d'ailleurs devenue classique dans les grands états-majors français, à la suite de tel *Kriegspiel* d'avant-guerre, dirigé par Joffre lui-même et qui se déroulait dans la région de Trèves.

Quant aux armées des ailes, la situation est

suffisamment nette devant la Ire pour ne donner lieu à aucune finesse : « La Ire armée prendra pour objectif l'armée allemande de Sarrebourg, le Donon, la vallée de la Bruche, et cherchera à la mettre hors de cause en la rejetant sur Strasbourg et la basse Alsace. »

C'est plus délicat pour l'aile gauche :

« La Ve armée resserrera son dispositif entre Vouziers et Aubenton, de manière à pouvoir monter une attaque en forces sur tout ce qui déboucherait entre Mouzon et Mézières inclusivement ou, le cas échéant, franchir elle-même la Meuse entre ces deux points... »

Faut-il conclure de cette mission donnée à la Ve armée, que Joffre admet à ce moment que le front allemand ne s'étendra pas de façon à permettre aux troupes ennemies d'aborder la Meuse en aval de Givet? En aucune façon. Mais les moyens qu'il affecte à la vérification de cette dernière hypothèse montrent qu'il ne lui attribue encore qu'une importance secondaire : ce sont le corps de cavalerie Sordet, chargé de l'exploration stratégique et le 4e groupe de divisions de réserve, auquel il confie une mission strictement défensive. En ce qui concerne le corps de cavalerie, l'instruction nº 1 précise que ce corps, couvrant au début le front de la Vᵉ armée, se tiendra à la gauche de cette armée, dans la région de Marienbourg, Chimay, si l'ennemi l'oblige à repasser la Meuse. Ainsi posté, il protégera la réunion de l'armée anglaise et du 4ᵉ groupe de divisions aux ordres du général Valabrègue ; celui-ci « organisera une position autour de Vervins, de manière à assurer un débouché soit face au nord, soit face à l'est. »

Rien au sujet des Belges. Il faut croire que la liaison entre Joffre et le G. Q. G. belge n'avait pas encore été suffisamment établie au moment où l'Instruction générale nº 1 a été lancée. C'est évidemment une lacune ; à tout le moins un retard dû sans doute à la longueur des transmissions diplomatiques, retard que les événements ultérieurs rendront tout particulièrement regrettable.

CHAPITRE II

LA PÉRIODE DE CONCENTRATION

(Du 8 au 14 août.)

Cette première Instruction générale, cette *directive* pour employer le néologisme venu d'outre-Rhin, ne pouvait recevoir un commencement d'exécution avant le 14 août. Mais il était nécessaire de l'établir dès le 8. En effet, la journée du 8 marquait le début des transports de concentration à plein rendement qui, pour les seuls éléments combattants de l'armée, allaient se prolonger jusqu'au 14. A mesure que les unités débarquaient, chaque commandant d'armée devait avoir une idée précise des missions allant lui échoir pour qu'il pût les exécuter sans retard, avec un minimum d'efforts pour ses troupes.

Ceci posé, examinons comment, au cours de cette période de six jours de concentration proprement dite, les mouvements de l'ennemi ou les suggestions émanant des sous-ordres ont réagi sur la conception première du général en chef.

Face aux Ire, IIe et IIIe armées, l'ennemi garde son attitude passive. On s'attendait à une attaque brusquée de sa part; il se borne au contraire à interdire de son mieux les progrès de nos reconnaissances. En Alsace, où déjà nous intervenons en forces, il cède presque sans résister devant le 7e corps que Joffre incorpore à partir du 10 août dans une armée d'Alsace aux ordres du général Paü. De ce côté, on acquiert d'ailleurs assez vite la certitude que la rive droite du Rhin est dégarnie de troupes jusqu'au delà de Fribourg, Emmendingen.

En Lorraine, aucune précision ne paraît découler des renseignements contradictoires recueillis. Influencés par ces contradictions, certains commandements d'armée accusent un léger flottement : à la IIIe armée par exemple, on ne songe le 10 qu'à courir vers le nord, et le lendemain on estime à quatre corps d'armée et trois divisions de cavalerie le groupement ennemi qui serait à Metz. Joffre croit devoir rappeler qu'il est prématuré de dire que l'action de cette armée sera orientée vers le nord et qu'il reste fort possible qu'elle ait à faire face à un débouché offensif de l'ennemi venant du front général Thionville, Metz, Pont-à-Mousson.

Les forces ennemies que la III° armée voit le 2 autour de Metz auraient disparu le 12, à en croire la II°, qui par ailleurs voit de nombreuses colonnes descendre au sud à travers la forêt de Remilly. Ce qu'on ne peut mettre en doute sur le front de cette armée Castelnau, c'est que les Allemands ont exécuté le projet connu dès le 2 août, de tendre une inondation dans la vallée de la Seille. Si c'est un indice que nous ne serons point attaqués de ce côté, ce sera par contre un obstacle sérieux au mouvement de l'armée. Celle-ci, en plus du blanc d'eau des prairies, repère de multiples organisations défensives. Sera-t-elle en mesure d'attaquer le 14? Le 8, Castelnau déclare ne devoir être prêt qu'à partir du 17. Pourra-t-il seulement attaquer? Le 10, il propose à Joffre, non pas d'attaquer pour son compte sur le front qu'on lui a indiqué, mais simplement d'appuyer avec ses corps de droite l'attaque de la Ire armée

Dubail qui, elle, travaille en silence et avec con-
viction à exécuter l'ordre tel qu'il a été donné.

Joffre approuve les modalités de Castelnau
après qu'il sait qu'elles sont connues de Dubail et,
le 11 août, il annonce que l'offensive de la Ire armée
sera déclenchée le 14 au matin, appuyée par les
deux corps de droite de la IIe armée. Quant aux
corps de gauche de cette dernière, ils assureront
la protection du mouvement offensif face à la région des Etangs et à Dieuze.

Si du 11 au 14 l'ennemi nous devance dans
l'attaque, la Ire armée tiendra avec ses deux
corps de gauche la ligne de la Meurthe, mais de
toute façon, l'offensive telle qu'elle vient d'être
précisée, sera de notre part irrévocablement prise
le 14, au point du jour.

Le 13 au soir, Joffre, serrant davantage le problème, fixe les premiers objectifs à atteindre :
« L'ennemi, dit-il, sera attaqué partout où on le
trouvera. Il sera poursuivi jusqu'au delà de la
ligne Sarrebourg, Hazelbourg, Obersteigen par la
Ire armée qui s'organisera sur cette ligne, et qui
installera en outre au Donon une vaste place
d'armes pour commander la vallée de la Bruche.

« Dès que l'ennemi sera en retraite, la IIe armée

se redressera vers le nord pour l'attaque du front
Dieuze, Château-Salins, en se reliant par la région des Etangs avec la Ire armée. »

En somme, sur la partie du front à l'est du mé-
ridien de Metz, les dispositions de la dernière
heure ne modifient pas sensiblement ce qui a été
conçu dès le 8 : l'ennemi s'est strictement maintenu dans un rôle passif; excellente occasion,
pense-t-on, pour lui régler son compte au plus
tôt.

Si l'on passe à la partie nord du théâtre d'opérations, on constate que l'incertitude du début
persiste en ce qui concerne les effectifs, la répartition et les desseins de l'ennemi.

Autour de Metz, les armées ont l'impression
d'un dégarnissement sensible. On a vu plus haut
les avis — en vérité contradictoires — donnés par
la IIIe armée. A son tour, la Ve constate une très
faible activité ferroviaire entre Trèves, Thionville
et Trèves, Merzig. Enfin, la IIe estime que les
forces actives disponibles de l'ennemi ont été
transportées « dans la région où il paraît décidé à
poursuivre son effort principal, c'est-à-dire au
nord de Metz. »

Au nord de Metz... Tous sont d'accord; mais

jusqu'où ? Et quel sera l'axe de cet effort ? Chacun épilogue sans apporter la moindre lumière.

Dans le grand-duché de Luxembourg, envahi dès la première heure, on ne sait autant dire rien de ce qui s'y passe. Le 9, Lanrezac croit que l'ennemi ne dépasse pas pour le moment la frontière du Luxembourg et de la Belgique entre Houffalize et Arlon. Les jours suivants, il repère de fortes colonnes de toutes armes s'avançant du Luxembourg vers l'ouest, et il constate que l'ennemi est nombreux sur le front Libramont, Neufchâteau, Arlon.

En Belgique, les renseignements abondent davantage ; leurs sources sont aussi plus variées. Ceux relatifs au territoire du Luxembourg belge, sur la rive droite de la Meuse, sont difficiles à synthétiser. Notre cavalerie se heurte à des tranchées garnies de faibles détachements de toutes armes qui suffisent pour tendre devant ses yeux un impénétrable rideau ; nos avions ne voient rien le jour. Et cependant, on a l'impression que ce rideau avance de façon régulière : il borde la Meuse à Dinant, devant Namur ; devant Huy à partir du 12. L'ennemi oblige les habitants à déblayer les chemins ; il répare les voies ferrées hâtivement détruites. Si par hasard quelques colonnes en marche se laissent repérer, on reste déconcerté de les voir aller du sud-est vers le nord-ouest.

Bref, rien n'est clair en Luxembourg belge.

Sur la rive gauche de la Meuse, les renseignements sont peut-être un peu plus précis, mais ils sont d'origine belge et on ne sait quelle créance leur accorder; il leur faudrait des recoupements tirés d'autres sources françaises qui paraissent avoir fait défaut.

Ce qui se confirme, c'est l'afflux de nouvelles forces adverses dans la région Aix-la-Chapelle, Liège : un corps d'armée non encore signalé, le 10ᵉ, apparaît à partir du 8, et le 12, un état-major important serait à Aix-la-Chapelle avec grosse concentration à Malmédy où l'on croit distinguer la Garde.

En direction de Bruxelles, malgré les craintes que commencent à ressentir autorités et populations, on ne voit guère que de la cavalerie, accompagnée comme à l'ordinaire de soutiens mobiles d'infanterie, mitrailleuses et auto-canons. Du 9 au 14, cette cavalerie progresse vers l'ouest avec une régularité qui fait impression ; d'abord elle se porte du nord de Liège sur Tongres, puis elle éclate en éventail sur le front Hasselt, Saint-Trond, Waremme. Par contre, le 12, on signale qu'elle serait revenue en rive droite de la Meuse, sauf à l'extrême aile nord où une division pousserait ce même jour sur Diest, et à l'autre aile, où des fractions de découverte seraient aperçues par le gouverneur de Maubeuge au nord de Namur.

Tout ceci, qui manque de clarté pour le commandement, n'en est pas moins de nature à justifier les inquiétudes des Belges, au moment où ils reçoivent la nouvelle proposition allemande du 9 août, aussi lourde de menaces que de mensonges : « L'Allemagne ne vient pas en ennemie en Belgique; c'est seulement par la force des événements qu'elle a dû, à cause des mesures militaires de la France, prendre la grave détermination d'entrer en Belgique et *d'occuper Liège comme point d'appui pour ses opérations militaires ultérieures.* »

Ce texte que nous soulignons ne précise rien pour l'avenir, et le 11, le roi Albert déclare que son armée se repliera sur Anvers au cas où les Allemands marcheraient vers l'ouest, « éventualité peu probable » ajoute-t-on de Bruxelles, sans doute après avoir obtenu quelques solides précisions pour se risquer à émettre une opinion aussi grave...

Quoi qu'il en soit, les renseignements de sources belges peuvent, en une certaine mesure, paraître tendancieux à l'état-major français qui, on le répète, n'a pas eu les moyens de vérifier la valeur de ces sources.

Mais il est un homme en qui Joffre a depuis longtemps placé sa confiance et dont les avis pèseront d'un grand poids dans les décisions qu'il prendra : Lanrezac. Or, quelles étaient en ce moment les prévisions du commandant de la V^o armée? Avant de répondre à cette question, il semble utile de revenir quelque peu en arrière.

Lanrezac, qui depuis le mois de mai 1914 avait remplacé Galliéni au conseil supérieur de la guerre, en qualité de commandant éventuel de la Ve armée, s'était préoccupé, dès cette époque, de la situation de son armée placée à l'aile gauche du dispositif que prévoyait le plan XVII. En juin, à la suite d'une inspection dont il était chargé dans la région des Ardennes, Lanrezac avait adressé à Joffre un rapport sur la tête de pont de Montmédy. Il attachait un intérêt capital à la solide occupation de cette place par les troupes de couverture, dans l'éventualité d'une offensive française débouchant sur la rive droite de la Meuse, en direction du Luxembourg belge. Le flanc droit de la V⁰ armée se trouverait ainsi couvert pendant la traversée de la Meuse, en même temps que serait assuré le débouché en rive nord de l'armée opérant à la droite de la Vᵉ. Lanrezac admettait alors que les Allemands nous préviendraient sur notre propre territoire et seraient peut-être en mesure de nous disputer le franchissement du fossé de la Meuse. En outre, il se montre judicieusement préoccupé de la sécurité de son *aile droite*.

Le 31 juillet, alors que la guerre n'est plus douteuse, Lanrezac adresse un nouveau Mémoire à Joffre. Il examine cette fois les conditions d'ensemble dans lesquelles va pouvoir se faire la contre-offensive de la V⁰ armée, prévue dans la direction générale de Neufchâteau, en cas de violation par l'Allemagne de la neutralité belge. Pour que cette contre-offensive soit exécutable, il faut, estime Lanrezac, qu'avant d'engager son armée dans les défilés boisés des Ardennes et de la Semoy, il ait la certitude de pouvoir, non seulement déboucher librement de ces défilés, mais encore gagner au-delà le champ nécessaire à la mise en œuvre de tous ses moyens. Cela revient à dire que son armée doit atteindre le front Maissin, Paliseul, Bertrix, Saint-Médard avant l'ennemi. Ce front est à trois jours de marche de la frontière allemande et la Ve armée ne peut l'atteindre avant le treizième jour de la mobilisation.

Ainsi, de même qu'en juin, mais non plus cette fois sur la Meuse, Lanrezac a toujours le souci de déboucher avec son armée, et ce souci lui est inspiré par la configuration difficile du terrain dans lequel il va être appelé à se battre. A cette préoccupation relative à son front, il joint également celle relative à son aile droite et il demande que l'offensive de son armée soit appuyée par l'offensive simultanée de l'armée qui doit venir se placer à sa droite. En somme, les documents établis par Lanrezac à ces deux dates, juin et juillet, se réfèrent à des opérations en Luxembourg belge, dans le cadre exact de l'hypothèse moyenne sur laquelle le plan XVII a été établi : l'aile droite allemande en marche sur Sedan. Cette éventualité, Lanrezac lui-même la déclare probable.

Mais son Mémoire de juillet ne se limite point

à ces vues. Faisant preuve d'un réel sens prophé-
tique, Lanrezac envisage ensuite le cas où l'aile
droite allemande, au lieu de marcher sur Sedan,
se trouverait orientée beaucoup plus au nord,
selon l'amplitude que l'ennemi voudra ou pourra
donner à son mouvement enveloppant, et il
évoque à ce propos le Kriegspiel de 1911, exécuté au grand état-major allemand dans lequel
celui-ci étudiait le passage par la Belgique de trois
armées allemandes, dont la plus septentrionale
était orientée sur Dinant. Si ce Kriegspiel prépa-
rait la réalité, la Meuse serait alors franchie entre
Givet et Namur. En effet, l'obstacle de la forêt
qui double la Meuse entre Mézières et Givet est
tel que l'armée d'aile droite allemande ne peut
être logiquement dirigée qu'en amont ou en aval
de cette barrière, c'est-à-dire soit sur Sedan, soit
sur Givet et plus au nord. Il est bien évident
qu'une fois engagée dans la direction de Neufchâteau, la V° armée ne pourrait parer à l'éventualité de la droite allemande marchant sur Givet et
plus au nord. En vérité, Lanrezac ne fait cette
suggestion qu'en passant ; elle reste néanmoins
troublante, car peut-on prendre la décision irré-
médiable de marcher sur Neufchâteau avant d'être

certain de ce que fera réellement l'ennemi?...

Le 9 août, après avoir reçu l'Instruction générale n° 1, Lanrezac revient sur le rôle de Montmédy signalé en juin : il s'agit pour lui de franchir la Meuse, la Semoy et d'aller avec son armée dans la région de Gedinne, où un corps d'armée d'avant-garde générale le précéderait de peu. Toute son armée suivrait et la IV° armée marcherait également à hauteur de son aile droite. Voilà comment il comprend l'exécution de la directive du commandant en chef. Plus rien ici des préoccupations avouées dans la deuxième partie du Mémoire du 31 juillet. L'hypothèse de la marche en direction de Neufchâteau, celle du plan XVII, apparaît seule régner dans l'esprit du commandant de la V° armée. Mais ce n'est pas pour longtemps. Si, le 11, Lanrezac projette encore d'attaquer avec trois corps d'armée, l'ennemi, dès que celui-ci aura des forces importantes dans la clairière Offagne, Neufchâteau — ces trois corps franchissant la Semoy entre Cugnon et Membre, — il demande, dans l'après-midi de ce jour, de porter son 1er corps — celui précisément qu'il avait l'intention de pousser dans la région de Gedinne et qui le 12 sera à cheval sur la Meuse, avec une avant-garde à Monthermé sur la Semoy — dans la région de Givet, pour couvrir sa *gauche* contre la cavalerie ennemie dont les patrouilles sont nombreuses. Diable! Un corps d'armée pour se garder contre des patrouilles de cavalerie?... Il faut que Lanrezac ressente des craintes sérieuses de ce côté, mais sans doute il s'agit moins du présent que de l'avenir...

Ainsi que Lanrezac l'a fait remarquer, la V⁰ armée une fois lancée sur Neufchâteau sera incapable de faire face dans la direction de Givet. Il songe alors à une solution mixte qui permettrait dès à présent d'être en garde des deux côtés à la fois, avant de savoir quelle décision prendra l'ennemi.

L'autorisation d'envoyer le 1ᵉʳ corps vers Philippeville est donnée par Joffre le 12; ce corps y sera le 13. Sa mission consiste bien à « s'opposer aux tentatives éventuelles de l'ennemi pour franchir la Meuse entre Givet et Namur. »

Devant les nouvelles qui parviennent, les appels réitérés des Belges, les savants aperçus stratégiques de Lanrezac, quel va être l'état d'esprit du général en chef?

Les indications qui précèdent ne lui paraissent pas suffisantes pour qu'il abandonne sa conception du début, ni même qu'il la modifie avec trop de hâte : les renseignements sont incomplets, sans précisions, contradictoires ; les Belges, affolés — on le serait à moins ; — quant à Lanrezac, s'il ébauche la théorie d'un débordement à grande envergure, aussitôt qu'il s'agit d'exécution, il en revient à l'attaque allemande par la rive droite de la Meuse que prévoit déjà Joffre.

C'est que, ainsi l'exprimait Lanrezac le 31 juillet, il ne s'agit pas seulement de *vouloir* déborder de loin ; encore faut-il *pouvoir*. Justement un état-major allié, bien informé d'habitude, fait ses pronostics qui concordent avec les prévisions de notre 2ᵉ bureau : 21 corps d'armée allemands sur le front franco-belge, le reste en Russie. Dans ces conditions, l'extension de l'aile droite allemande doit forcément s'assigner une limite raisonnable. Si les Allemands dépassent cette limite — et ce serait le cas s'ils s'éloignaient trop de leur zone fortifiée — tant mieux pour nous, semble-t-il : le front contre lequel nous nous heurterons en sera d'autant moins solide.

Certes, dès le 12 août, la Vᵉ armée attire l'attention du G. Q. G. sur la possibilité de voir chez les Allemands des *corps d'armée de réserve juxtaposés aux corps d'armée actifs*. C'est un renseignement de la plus haute importance : il comble une fâcheuse lacune d'avant-guerre dans notre connaissance technique de l'armée allemande; il effleure le grave problème de l'emploi des troupes de réserve qu'on a toujours mésestimées dans notre armée, imaginant, afin d'en tirer argument, que l'Allemagne éprouvait pour ces troupes un mépris souverain. Il y a là une erreur capitale dont les causes psychologiques sortent de notre cadre, mais qu'il importe cependant de signaler ici, si l'on veut remonter à la philosophie des décisions prises.

Il y a encore un renseignement du 13, de source neutre, disant que sept corps d'armée allemands marcheraient contre la France à travers la Belgique. Mais il se garde bien, et pour cause, de dire quel sera leur prochain itinéraire! Le même jour, un recoupement de source amie, venu par une voie neutre, signale que la résistance imprévue de Liège a orienté les gros rassemblements ennemis sur le Luxembourg et la Lorraine. C'est la confirmation de l'hypothèse émise par le G. Q. G. le 10 août : « Il est possible que les mouvements de troupes indiqués vers Neufchâteau et Bastogne soient l'amorce et la couverture vers le sud du transport du groupe du nord dans la région Bastogne, Marche, Rochefort, Libramont. »

Si donc l'ennemi s'aventure à l'ouest de la Meuse, il ne disposera que d'effectifs insuffisants ; ils arriveront en retard ; ils se heurteront à l'armée belge dont la résistance semble certaine depuis le 9. C'est une petite armée dont la bonne volonté ne fait aucun doute ; on ira à son secours ; on ne se contentera pas de l'appui moral ou « diplomatique » que lui prête le corps de cavalerie Sordet. En outre, les Anglais commencent à se montrer. Ils ne seront probablement pas là pour la première bataille, on n'a pas le temps de les attendre ; mais qu'ils se hâtent quand même : ils trouveront encore une besogne suffisante. On arme le fort d'Hirson qui barrera la trouée de Chimay. L'essentiel paraît être, pour le moment, de mettre à profit le retard qui se manifeste dans le rassemblement des Allemands. Car il y a retard incontestable, sans qu'on en discerne nettement les causes : retard sur les prévisions ;

retard qui tient, vraisemblablement, dans les différences d'effectifs réunis. Mais qu'importe! Du moment que nous-mêmes sommes prêts, ne convient-il pas d'exécuter à la lettre notre plan ?... Et cependant, les décisions prises dans cette journée du 13 apportent quelques légères retouches à la volonté antérieure d'offensive générale. On a vu plus haut celles qui concernent les Iʳᵉ et IIᵉ armées. Il reste à voir celles qui s'adressent aux IIIᵉ, IVᵉ et Vᵉ armées.

Tandis que le 8 août Joffre envisageait la possibilité d'un recul à l'aile gauche de notre dispositif si l'attaque ennemie se produisait avant le moment où toutes nos armées seraient en mesure de s'appuyer, le 13 il n'est plus question de cette éventualité : le retard inexpliqué des Allemands nous a permis de réaliser sans encombre notre propre concentration. Alors, de deux choses l'une : ou bien nous ne pourrons pas « chercher la bataille au-delà de la Semoy et de la Chiers dans de bonnes conditions » ; ou bien, l'ennemi étant encore loin, nous aurons le temps de nous porter en avant au-delà de la Meuse.

Dans le premier cas, qui est celui plus particulièrement visé par Joffre parce que le plus urgent, les dispositions ci-après sont ordonnées pour le 14 août, en vue de la bataille qui s'engagerait le 15 ou le 16.

La III° armée reçoit une mission complexe analogue à celle de la II° : défensive avec ses divisions de réserve au nord et au sud de Verdun; contre-offensive éventuelle avec ses deux corps de droite contre les forces ennemies qui déboucheraient de Metz; attaque avec ses deux corps de gauche, en liaison avec la IV° armée, dans la direction du nord en se tenant à l'ouest de la zone boisée de Gremilly, Billy-sous-Mangiennes. C'est d'un art bien subtil que donner ainsi des tâches superposées à une même armée. L'excuse et aussi la justification résident dans la double proximité de Metz et Verdun, celui-là point dangereux et celui-ci point d'appui pour cette armée.

On se rappelle que la IV° armée devait, d'après les ordres donnés le 8, atteindre le front Servon, Aubréville, Souilly, à l'ouest de Verdun. Le 13, Joffre l'invite à gagner deux étapes vers le nord en resserrant son front entre Sommauthe et Dun. L'intervalle entre les III° et IV° armées sera bouché par le 2° corps d'armée, qui est depuis le 2 août en couverture dans la région; il se replierait éventuellement sur les Hauts-de-Meuse entre Écurey et Brandeville.

Enfin la V⁰ armée amènera la tête de ses gros à une dizaine de kilomètres en arrière de la Meuse, *face à Mézières et en amont,* pour contre-attaquer l'ennemi qu'elle prendra en flagrant délit de franchissement du fleuve. La manœuvre est on ne peut mieux indiquée : « La V⁰ armée attendra pour attaquer que l'ennemi ait engagé une bonne partie de ses forces sur la rive gauche. L'attaque devra être montée et, dès qu'elle sera déclenchée, être menée à bonne allure. »

A l'observation que Lanrezac faisait le 31 juillet, à savoir que l'ennemi, quand il franchira la Meuse, le fera soit en amont de Mézières, soit en aval de Givet, Joffre répond en fait par les dispositions qu'il ordonne le 13 et qui se résument ainsi : Tout d'abord, il évoque les moyens de barrér à l'ennemi la zone comprise entre Mézières et Givet, là où les bois rendent moins probable toute tentative de franchissement de la Meuse : « En aval de Mézières et jusqu'à Givet, les passages de la Meuse devront être énergiquement défendus et rompus au besoin. Délégation est donnée au commandant de la V⁰ armée pour la mise de feu. » Plus en aval, en vue d'opérations plus actives, il rappelle le groupement de forces qui sera prochainement réalisé dans la région à l'ouest de Givet. Il y aura le 1er corps d'armée autour de Philippeville, qui couvrira les débarquements des deux divisions d'Afrique, 37e et 38e, elles-mêmes établies à partir du 16 respectivement vers Rocroy et Chimay. Il y aura encore, et non plus en l'air désormais, le corps de cavalerie Sordet qui se tiendra à la gauche de la Ve armée. Il y aura enfin le groupe de divisions de réserve Valabrègue, organisant dans la région de Vervins la position fortifiée sur laquelle il assurerait au besoin le repli de la gauche de nos forces.

Tout cela constitue une série de précautions préparatoires contre la menace possible qui surgirait du nord ; ce sont des garanties supplémentaires relevant directement de Joffre, en plus des Belges et des Anglais qui restent indépendants de notre commandement.

N'est-ce pas d'ailleurs en partie sous l'effet de cette menace sur son flanc gauche que, sacrifiant son projet initial d'offensive totale à partir du 14 août, Joffre laissera son aile gauche attendre la bataille au passage de la Meuse, au lieu de l'aller chercher plus avant, comme le fait son aile droite?... Il spécifie en effet qu'à peine la lumière aura-t-elle jailli et si aucun danger sérieux ne se manifeste du côté de Chimay, Namur, alors nos IVe et V^e armées passeront la Meuse; la IVe s'établira sur le front Tétaigne, Margut, Quincy, bordant la Chiers, tandis que la Ve, ébauchant déjà un débordement du front allemand, poussera sur la ligne Beauraing, Gedinne, Paliseul, Fay-les-Veneurs, Cugnon.

Ce mouvement, on compte être fixé sur sa possibilité à partir du 15 et toutes dispositions seront prises par les armées pour qu'on l'exécute « rapidement, au premier ordre. »

Ainsi, à la date du 13 au soir, tandis que la situation de l'aile droite paraît suffisamment claire à Joffre pour qu'il décide l'attaque de ses Ire et IIe armées à partir du 14 au matin, à gauche, au contraire, l'incertitude reste telle qu'il ne veut prévoir qu'une contre-attaque sur la Meuse si l'ennemi se présente. Si celui-ci tarde, alors il ira le chercher et vraisemblement sur le front Rochefort, Neufchâteau, Arlon, Luxembourg; mais il tient à se donner encore un court répit — deux jours, pense-t-il — pour essayer de mieux voir dans la situation...

Dès maintenant, le plan XVII a cessé d'être intact.

CHAPITRE III

DANS L'ATTENTE DE LA RÉVÉLATION DU PLAN ALLEMAND

(Du 14 au 19 août.)

La bataille s'engage donc le 14 août au matin ; non pas la bataille totale qu'avait imaginée Joffre, mais sur une moitié du front seulement, avec les Ire, IIe armées et l'armée d'Alsace. De ce côté, rien dans les dispositions de l'ennemi n'est venu contrarier l'exécution du projet établi. Le sentiment de la manœuvre qui se prépare vers notre gauche n'est point de nature à justifier un retard dans l'exécution de l'attaque par notre droite ; au contraire, elle confirme Joffre dans sa décision d'offensive : une troupe qui tourne ne se trouve-t-elle pas elle-même tournée ? Moltke, Napoléon, tous les grands capitaines l'ont démontré. L'armée la plus résolue, celle dont le moral est le mieux trempé l'emporte finalement. A ce compte, au moins en ce qui le concerne, Joffre se sent autant de résolution que son adversaire.

La progression de nos armées s'affirme générale dès les premiers jours, et l'ennemi, montrant peu d'infanterie, se replie devant elles. Ceci, en dépit de l'inexpérience de nos troupes, de leur entrain quelque peu irréfléchi, des négligences tactiques inséparables d'un début : infanterie qui n'attend pas que l'artillerie lui ouvre la voie, mépris de l'outil de campagne, mauvaise utilisation des couverts, attaques trop denses, insuffisamment étudiées, etc., etc. Dans son ensemble, la lutte est cependant dure ; les expressions guerre de siège, lutte d'usure, reviennent sous la plume des commandants d'armées qui, à mesure qu'ils avancent, témoignent d'une prudence soupçonneuse, craignent de plus en plus pour leurs flancs. Joffre, à qui ces difficultés sont loin d'échapper, marque néanmoins quelque impatience devant la lenteur à percer ; il voudrait une exploitation plus complète des avantages obtenus ; le gain de terrain ne lui suffit pas, c'est la rupture de l'ennemi qu'il vise ; il le sent, un succès décisif arraché en Lorraine serait déterminant ailleurs, déchirerait le voile encore tendu vers le nord.

Tout compte fait, jusqu'au 19 août, nos armées de droite réaliseront des progrès suffisants pour que Joffre puisse en pleine liberté d'esprit se con- sacrer à l'inconnue stratégique qui persiste de- vant ses armées de gauche.

De ce côté, la préoccupation dominante réside toujours dans l'extension du mouvement débor- dant que médite l'adversaire et qui encore en ce jour du 14 ne s'est manifesté que par l'attaque sur Liège. Ce qui embrouille si singulière- ment le problème, c'est que, depuis lors, les éléments qui ont mené l'affaire échappent à toutes les investigations, les nôtres comme celles des Belges. S'il semble confirmé que des troupes ennemies auraient franchi la Meuse les 13 et 14 sur quatre ponts construits à Visé, on ne possède en- core aucune indication sur leur importance ; on sait seulement qu'elles comprendraient des divi- sions de réserve, de la cavalerie et de l'artillerie lourde. Sans trop s'arrêter à cette dernière qui peut bien être destinée à faire tomber les ultimes résistances des forts de Liège, la composition des troupes passées en rive gauche de la Meuse est de nature à faire croire qu'il s'agit d'un simple corps d'observation dirigé contre l'armée belge, toujours établie sur ses positions initiales de rassemblement.

Néanmoins, comme la cavalerie allemande grouille partout de ce côté de la Meuse et qu'il faut prévoir que cette cavalerie se répandra dans nos départements du nord, coupant les voies ferrées, rançonnant les populations, il convient de se prémunir dès maintenant. En conséquence, Joffre demande au ministre de la guerre de constituer entre Dunkerque et Maubeuge un barrage au moyen de trois divisions territoriales prélevées sur celles chargées de la défense des côtes, où la collaboration anglaise les laisse désormais sans emploi. Et pour que les mesures à prendre s'inspirent d'une même unité de vues, il sollicite le rattachement du territoire de la 1re région à la zone des armées.

Ces détails montrent le travail qui s'effectue dans la pensée de Joffre. Là-dessus, toujours le 14 août, Lanrezac se rend au G. Q. G. et a un long entretien avec le général en chef. Il lui parle — c'est pour cela qu'il est venu — de l'intérêt qu'il verrait à ce que toute la Vᵉ armée fût dès à présent transportée dans la région de « l'entre Sambre et Meuse, » où est déjà le 1ᵉʳ corps. Le raisonnement de Lanrezac procède toujours de la même imperturbable logique : après avoir envahi la Belgique, l'ennemi va aborder la Meuse entre Verdun et Namur, peut-être au-delà. Sur ce front Verdun, Namur, le secteur Mézières, Givet est à peu près interdit aux grandes opérations par l'existence du massif forestier qui double l'obstacle de la Meuse. Ainsi, l'ennemi va pointer ou en amont de Mézières, ou en aval de Givet, ou les deux à la fois. Or, la menace en aval de Givet est pour Lanrezac la plus préoccupante puisqu'elle le déborde ; c'est donc à celle-ci qu'il veut faire face en y allant avec toute son armée.

Les arguments que Joffre a pu objecter à cet exposé sont faciles à deviner. Envoyer la Vᵉ armée dans la région de Chimay, c'est la séparer de la IVᵉ qui est encore à une étape au sud de la Meuse ; c'est ouvrir une brèche dans le dispositif jusqu'à présent homogène de nos armées ; c'est, au cas où l'effort principal ennemi se présenterait suivant l'axe Neufchâteau, Sedan, se mettre dans l'impossibilité d'éviter la rupture de notre front; c'est enfin détruire la manœuvre préparée par les ordres du 13 avant même qu'ils aient reçu un commencement d'exécution et d'ailleurs sans que des faits précis et révélés soient venus justifier un tel bouleversement.

Lanrezac quitte Joffre. Tous deux ont envisagé diverses modalités, mais le commandant de la V° armée n'a pas la promesse ferme que sa suggestion sera définitivement adoptée. Il revient à son quartier général de Rethel. Là, il trouve un Bulletin de renseignements du G. Q. G. arrivé pendant son absence, et dans lequel il est fait allusion à une masse de manœuvre allemande de droite réunie entre la pointe nord du Luxembourg et la région de Liège, et qui comprendrait huit corps d'armée, quatre à six division de cavalerie. Ce bulletin agit sur Lanrezac à la façon d'une révélation soudaine. Il ne lui paraît pas possible d'admettre qu'une masse aussi considérable puisse se déployer sur le seul terrain de la rive droite de la Meuse; pour lui, l'ennemi empruntera forcément la rive gauche de cette rivière et le mouvement enveloppant s'exécutera par les deux rives. Son impression est si vive qu'il ne peut s'empêcher de l'écrire aussitôt à Joffre. Et profitant de cette circonstance nouvelle, il sollicite encore l'envoi de son armée dans la région de Givet, Maubeuge ; cette armée ne sera-t-elle pas la seule force en mesure de parer efficacement à la manœuvre allemande, puisque les Belges semblent ne pouvoir que demeurer passifs et les Anglais n'arriveront pas en temps opportun ?

Lanzerac ne réussit pas à convaincre Joffre aussi vite qu'il a mis lui-même à comprendre. Sans rejeter formellement la proposition du commandant de la V° armée, le général en chef répond qu'il ne voit que des avantages à étudier le mouvement de l'armée vers la Sambre. « Mais, ajoute-t-il, la menace est encore à échéance lointaine et sa certitude est loin d'être absolue. » Soit éloignement du point délicat, soit tempérament personnel, Joffre évolue moins rapidement et avec moins d'intensité que son lieutenant. Cependant, non seulement il ne refuse pas d'envisager l'éventualité qui hante l'esprit de Lanrezac, mais encore il l'autorise, comme mesure préparatoire, à élargir son dispositif sur la gauche, jusque vers Renovez et Monthermé. De la sorte, la liaison avec l'armée voisine de droite ne sera pas compromise, la continuité de notre front sera maintenue et la V° armée restera en situation d'atteindre soit Paliseul et Gedinne, soit Philippeville. En somme, tandis que Lanrezac n'a plus d'yeux que pour la marche de l'ennemi en aval de Givet par les deux rives de la Meuse, Joffre n'oublie pas la menace en amont de Mézières.

La nuit porte conseil. Le 15 au matin, Joffre autorise Lanrezac à disloquer ses troupes de manière à pouvoir pousser deux corps de son armée, en plus du 1er corps, dans la direction du nord. C'est une disposition transitoire qui donnera satisfaction partielle à Lanrezac. Mais ce qui prouve bien que le général en chef n'est pas tout à fait convaincu, c'est que le mouvement des deux corps susvisés ne sera que préparé; pour passer à l'exécution, on devra attendre son ordre.

Cet ordre est donné le soir même à dix-sept heures trente, et une nouvelle instruction particulière est adressée aux commandants des IV°, V° armées et du corps de chevalerie.

Que s'est-il donc passé dans la journée du 15 août? L'ensemble des renseignements recueillis reste aussi incertain que les jours précédents. Selon les Belges, l'ennemi n'aurait presque rien au nord de la Meuse et, par contre, d'importants effectifs se trouveraient au sud. L'aviation ne relève aucun indice de forces sérieuses dans la région Longuyon, Luxembourg, Arlon, Montmédy. Le gouverneur de Maubeuge apprend par des Belges, et il transmet au G. Q. G., que 200.000 Allemands seraient en train de passer la Meuse entre Maestricht et Visé. Semblable indication qui se révélera exacte quelques jours plus tard est pour le moment prématurée. En outre, elle est malheureusement formulée en termes si imprécis, qu'elle évoque le loup du Guillot de la fable. Elle est, en technique d'information militaire, le type du renseignement tendancieux, ayant l'air forgé de toutes pièces pour les besoins d'une cause, et tant que n'interviendront pas d'autres précisions, il paraît sage de n'en point faire état. Qu'on cesse donc de dire que le haut commandement français est resté sourd à tous les avertissements qui lui furent donnés! Dans le flot de nouvelles qui lui parvenaient en ces émouvantes journées d'août 1914, combien s'appliquaient à des manœuvres ennemies n'ayant jamais germé que dans le cerveau surchauffé de ceux qui les transmettaient !...

Mais en dehors des renseignements spéciaux qui révèlent la pauvreté de l'organisation des services chargés de les recueillir, il est arrivé au G. Q. G. de Vitry-le-François, dans la journée du 15, l'annonce d'un événement qui influera sur la décision prise par Joffre d'envoyer la V⁰ armée dans l'entre Sambre-et-Meuse : c'est l'affaire de Dinant. En effet, dans l'après-midi, Franchet d'Espérey, commandant du 1ᵉʳ corps d'armée, rendait compte qu'il était attaqué à Dinant par un corps d'armée ennemi couvrant le glissement de troupes allemandes vers le nord-ouest, entre Namur et Liège. Ce glissement, aperçu par le corps de cavalerie Sordet, qui de ce fait estimait bientôt ne plus pouvoir se maintenir en rive droite de la Meuse, était bien réel; il se produisait même depuis quelques jours. Au G. Q. G., on se montra sceptique. Par contre, on crut aux effectifs ennemis qu'indiquait Franchet d'Espérey et qui, pour le moins, étaient exagérés : ce n'était pas un corps d'armée qui attaquait à Dinant, mais de la cavalerie seulement, appuyée comme à l'ordinaire par de l'infanterie légère et de l'artillerie très mobile.

En soi, l'attaque constituait une indication précieuse. Elle révélait que l'ennemi cherchait à prendre pied en rive ouest de la Meuse, en aval de Givet. L'hypothèse Lanrezac se vérifiait. L'envoi de la Ve armée dans la région occupée par le 1er corps étant désormais justifié, ordre lui en fut transmis sur l'heure. Et c'est ainsi que l'Instruction particulière aux IVe, Ve armées et corps de cavalerie, établie le 15 août[à vingt heures, précisait comme il suit les conditions d'exécution du mouvement, en même temps que la conception actuelle de la manœuvre adverse.

Joffre admet que le principal effort de l'ennemi semble se porter, par son aile droite, au nord de Givet. C'est tout à fait conforme à ce que pense Lanrezac. Il admet encore qu'un autre groupement de forces paraît marcher sur le front Sedan, Montmédy, Damvillers; c'était sa manière de voir antérieure; elle n'a pas changé; d'ailleurs, elle est exacte.

La Ve armée se portera donc dans la région de Marienbourg ou Philippeville et, « de concert avec l'armée anglaise et les forces belges », elle agira contre l'ennemi du nord. Ici, Joffre envisage très nettement la collaboration intime de ces trois groupes de forces, Ve armée, Anglais et Belges.

Mais les Belges — il en a parlé avec Lanrezac la veille — sont bien faibles et qui plus est déprimés ; les Anglais ne seront pas en situation de combattre avant plusieurs jours. Ce « concert » à établir est-il à cette heure autre chose qu'un désir platonique? Il vaudrait cependant la peine qu'on s'employât à le réaliser : tractations à entreprendre, zones de marche et de stationnement à répartir ; missions à donner ; surtout, commandement d'ensemble à prévoir... toutes questions essentielles que l'on néglige. Pourquoi?... Difficultés à vaincre? Ou bien méconnaissance des nécessités de la guerre? Ou simplement oubli? Nul ne saurait le dire qui n'a pas vécu ces heures dans l'intimité de notre haut commandement. A la réflexion, pouvait-on organiser à l'aube du conflit ce qui ne se fera qu'à la fin, sous l'aiguillon de l'impérieuse nécessité? Était-il seulement possible de concevoir un commandement international de groupe d'armées du Nord? Les demi-mesures auxquelles on se limitera ne tarderont pas à se révéler insuffisantes sur le champ de bataille.

Pour l'instant, Joffre a d'ailleurs un souci matériel qui l'absorbe davantage : c'est d'assurer la continuité de son front. La Ve armée s'éloignant de la IVe, il faut boucher le trou qui va se créer entre les deux : un corps d'armée de la V^o (le 2e) et les deux divisions de réserve de cette armée (52e et 60e) resteront, celui-là dans la région sud-ouest de Sedan, celles-ci à la défense dè la ligne de la Meuse, le tout rattaché à la IVe armée dont la mission consistera à s'établir face au nord-est, pivotant sur sa droite, de manière à pouvoir déboucher du front Sedan, Montmédy, en direction générale de Neufchâteau. La 4e division de cavalerie qui explore sur le front de la Chiers est également rattachée à la IVe armée.

Ainsi appauvrie quand elle va s'éloigner, la Ve armée a besoin de renforts. On lui rattache le corps de cavalerie et le groupe de divisions Valabrègue. Et comme cela ne suffit pas, qu'il importe de lui maintenir ses cinq corps, ordre est donné de prévoir l'embarquement du 18e corps dans la région de Toul, pour être transporté vers Maubeuge. Ce 18e corps qui, dans le plan XVII, faisait partie de la IIe armée, avait été mis par Joffre en réserve à sa disposition. Son transport, prévu à partir du 17 août, sera terminé le 20.

Toujours la même insuffisance de nos services

de renseignements, doublée par un art diabolique de dissimuler chez l'ennemi, font que la journée du 16 août n'apporte aucun éclaircissement sensible à la situation. Les nouvelles reçues semblent pencher en faveur de l'hypothèse qui prédomine au G. Q. G. : attaque par les deux Luxembourg, belge et grand-duché, et rien de très sérieux en rive gauche de la Meuse. Les Belges eux-mêmes déclarent qu'il n'y a pas d'infanterie ennemie au nord de la Meuse, ce qu'il faut entendre ainsi : il n'est pas exact que des masses d'infanterie aient passé le fleuve au nord de Liège, et il n'y a en rive gauche qu'une seule brigade qui se trouve le 16 au soir à Tongres. La V⁰ armée signale qu'une force importante de cavalerie ayant passé entre Florre et Hermalle (nord-est de Huy) marche vers l'ouest dans la direction de Wavre. Et Joffre de conclure avec toutes les apparences de raison : voilà une cavalerie ennemie qui, après avoir recherché notre aile gauche, dégage sur la rive droite le front des infanteries qui vont arriver au contact.

Les autres renseignements sur l'arrivée constante de grosses forces en arrière de la ligne Liège, Maestricht, Sittard, Venloo, sur la présence de masses compactes dans la région de Liège, ou de groupements moins sérieux dans la zone Saint-With, Gouvy, Houffalize, Marche et la zone Malmédy, Stavelot, Trois Ponts, Barvaux, Condroz, n'infirment aucunement cette déduction. L'aviation ne voit rien de plus que la veille dans la région Longuyon, Luxembourg, Arlon, Tintigny, Montmédy.

Le 16, Joffre complète la préparation de sa nouvelle manœuvre conçue la veille.

Et d'abord, accroître les sûretés défensives. A l'extrême-gauche, la panique de Bruxelles gagne Lille : on enverra deux nouvelles divisions prélevées sur les divisions territoriales des Alpes; le général d'Amade qui les commande à Lyon viendra avec elles à Arras où il sera chargé de réaliser le barrage imaginé depuis plusieurs jours. A la IVᵉ armée, qui a entendu parler de mouvement en avant dans la direction de Neufchâteau et se montre impatiente de marcher, on recommande d'organiser défensivement le front sur lequel elle attendra l'ordre d'offensive, cherchant à s'y dissimuler de son mieux d'après les méthodes dont use l'adversaire. A la Vᵉ armée, autorisation de faire sauter les ponts sur la Meuse entre Charleville et Givet; même faculté en aval de Givet est accordée par le gouvernement belge.

Ces précautions d'attente une fois ordonnées ou prises, rien n'empêche de préparer la manœuvre à forme offensive toujours désirée et à laquelle on voudrait donner le point d'application le plus opportun. Pour que notre masse de gauche possède la cohésion indispensable, nous avons déjà dit qu'il faudrait amalgamer Lanrezac, Belges et Anglais sous un commandement unique. Mais il n'y faut pas songer; alors, on louvoiera, cherchant à réaliser dans les faits ce qui ne peut être au préalable établi. La mission de liaison attribuée au corps de cavalerie Sordet, on y reviendra avec plus d'insistance; on invitera celui-ci à se porter entre Eghezée et Tirlemont, avec mission principale de prendre le contact des troupes belges de forteresse qui occupent Namur et de celles de campagne qui sont à Louvain et à Tirlemont. Il se montrera à elles, leur enverra ses renseignements... Ceci fait, et après seulement, il arrêtera la cavalerie allemande qui chercherait à pousser vers l'ouest.

En ce qui concerne les Anglais, Joffre met Lanrezac au courant de ce qu'ils vont faire. Il l'était déjà puisque, dans la tranche du plan XVII constituant le dossier de la V° armée, un dossier annexe se rapportait à la concentration de l'armée anglaise. Pour plus de sûreté, Joffre l'avise de la zone dans laquelle s'opèrent les débarquements anglais ainsi que des dates de préparation des éléments combattants. Par ailleurs, French déclare qu'il ne sera prêt à se porter en avant que le 21 août au matin.

Ayant fait le possible au point de vue cohésion, Joffre passe à la manœuvre proprement dite. A la masse allemande qui descend à travers les Luxembourg, il opposera ses III° et IV° armées organisées à cet effet. La double mission dont était chargée l'armée Castelnau en Lorraine ayant montré la difficulté qu'il y avait pour une armée d'attaquer sur un point et simultanément de couvrir face à un autre, on évitera de commettre la même erreur avec la III° armée. Le rôle de celle-ci, d'après le plan XVII, était, on s'en souvient, strictement défensif face à Metz. Puisqu'on lui donne à présent une tâche offensive, Joffre crée le groupement spécial P. Durand qui la dégagera de préoccupations défensives et lui permettra de se consacrer exclusivement à l'attaque. Ce groupement P. Durand, composé de divisions de réserve, investira le front sud-ouest de Metz et, subsidiairement, arrêtera sur les positions des Hauts-de-Meuse toute tentative de l'ennemi visant dans cette région la rupture de notre front. La IIIᵉ armée s'établira alors sur le front Jametz, Étain, face au nord-est, prête à déboucher en direction de Longwy avec six divisions.

Quant à la IVᵉ armée, toujours piaffante, Joffre l'invite à attendre de pouvoir être appuyée par les armées voisines; il lui conseille de ne partir qu'à bon escient, sur un ennemi dûment reconnu et précisé.

L'état au 16 août de la pensée du général en chef se trouve on ne peut mieux exposé dans une Note qu'il adresse ce jour-là au commandant en chef des forces anglaises.

Joffre indique en commençant ce qu'il sait de son adversaire : « L'ennemi semble porter son effort principal sur son aile droite et son centre : d'une part au nord de Givet, d'autre part sur le front Sedan, Montmédy, Damvillers. Au sud de Metz, il paraît garder une attitude défensive. »

C'est contre le groupe ennemi du nord de Givet qu'agira Lanrezac de concert avec l'armée anglaise et les forces belges. Contre le groupe ennemi du centre, ce ne seront plus les IVe et V^e armées qui agiront désormais, mais bien les IVe et IIIe, l'armée de Langle (IVe) prenant l'aile gauche dans l'attaque où, selon le projet du 8 août, elle tenait la droite.

Le début de l'opération n'est plus prévu que pour le 21 puisque les Anglais ne seront prêts qu'à cette date : on sait combien Joffre est partisan du principe « agir toutes forces réunies. »

La forme de la manœuvre ne peut encore être précisée. Toutefois, Joffre envisage pour la Ve armée soit un mouvement droit au nord, soit un mouvement infléchi vers l'est. Dans le premier cas, prévoit-il que sa V^e armée franchirait la Sambre? Oui, sans aucun doute puisque, dans ce cas, l'armée anglaise portée elle-même au nord de la Sambre dans la région Rouveroy, Harmignies, en mesure de marcher dans la direction générale de Nivelles, se trouverait *à la gauche* de la Ve armée. C'est donc que Joffre admet, de la part de l'ennemi, la possibilité d'un mouvement sur Bruxelles? Il semble que oui; mais en marchant sur la capitale belge, les Allemands ont-ils l'intention de se rabattre ensuite vers la frontière française, ou veulent-ils simplement repousser l'armée belge toujours groupée dans le quadrilatère Louvain, Wavre, Perwez, Tirlemont? Joffre songe plus probablement à la manœuvre de rabattement, car il suggère au maréchal French de demander au roi Léopold, tout en couvrant Bruxelles et Anvers, d'agir en toutes circonstances *sur le flanc extérieur* des forces allemandes et *à revers* au besoin.

Ainsi, dès la journée du 16 août, Joffre prépare son opération d'aile gauche dans les conditions à peu près définitives où il sera en mesure de l'exécuter. Encore indécis sur les projets de son adversaire, il examine les diverses hypothèses, sans omettre celle d'un mouvement orienté sur Bruxelles, mouvement auquel Lanrezac lui-même n'a pas encore fait la moindre allusion. Mais, ainsi que l'a dit Joffre à French, sait-on quels événements peuvent surgir d'ici le 21 août?...

Le 17, sans doute à la réception de la Note ci-dessus, French déclare à Joffre que ce n'est pas le 21 août, mais le 24 que son armée entrera en opérations. Un tel retard, alors qu'à chaque instant la crise décisive peut se déchaîner, est d'autant plus regrettable que les Belges, à leur tour, sont sur le point de se réfugier dans Anvers. Malgré leur succès de Haelen, le 12, ils hésitent à attendre le choc des forces allemandes qu'ils voient grossir devant eux chaque jour. Les dernières défenses de Liège sont vaincues; le gouvernement parle de quitter la capitale; il faudrait éviter que les troupes suivent cet exode...

Fait bizarre, tandis que le haut commandement belge témoigne d'une appréhension que les événements prochains ne tarderont pas à justifier, certains éléments français d'information au contact des Belges font preuve, au contraire, d'un optimisme qu'il s'efforcent d'insuffler à nos alliés, mais qu'ils expriment également à Joffre avec une insistance plus qu'inutile, disons le mot, dangereuse. C'est ainsi, qu'à la faveur de quelques indices locaux révélés ce 17 août, on prête aux Allemands postés devant les Belges des intentions marquées d'un apparent souci de défense. En réalité, personne ne réussit à obtenir des précisions un peu étendues. Le pont de Huy, rétabli dans la nuit du 15 au 16, livrerait passage à des troupes allemandes. Mais de quelles troupes s'agit-il?...

Le précieux renseignement recueilli par le 1er corps d'un pilote allemand abattu à l'ouest de Dinant et donnant la composition exacte de l'armée von Bülow, avec ses quatre corps actifs, ses trois corps de réserve, son Q. G. installé à Liège, ne trahit rien des projets ultérieurs; il donne à réfléchir à Lanrezac qui se demande comment avec ses seules forces il va pouvoir faire face à un ennemi aussi nombreux. Maintenant qu'il a décollé de la IVe armée, il est inquiet pour sa droite; il la croit menacée, au point que Joffre l'actionne, lui déclare qu'il faut tenir, que l'on prendra l'offensive quand on connaîtra le mouvement des corps allemands et que ce n'est qu'à la dernière extrémité qu'il faudra se résoudre à abandonner la ligne actuelle. Lanrezac aurait-il donc déjà manifesté l'intention de se replier?...

A bon droit, Joffre estime que le terrain ne doit être cédé que sous la poussée effective de l'ennemi. Et en attendant que cette poussée se produise, rien n'empêche de méditer sur la manière de lui tenir tête. Une fois de plus, Joffre remet sa manœuvre sur le chantier et, le 18 au matin, il adresse à ses chefs d'armées de gauche, aux Anglais et aux Belges, le résultat de son examen.

Comme le 16, l'hypothèse des deux masses ennemies reste admise; leur total s'élève à treize ou quinze corps d'armée. La masse d'aile droite comprendrait sept ou huit corps d'armée et quatre divisions de cavalerie; la masse du centre, entre Bastogne et Thionville, six à sept corps et deux ou trois divisions de cavalerie. Les armées Ruffey et de Langle (III° et IV°) seront opposées à cette masse du centre; rien n'est changé pour elles dans les missions et directions initiales d'offensive déjà connues.

En ce qui concerne la masse d'aile droite, on se trouve toujours en présence des deux mêmes suppositions ; mais l'avis donné le 16 à French d'une marche éventuelle des Franco-Anglais vers le nord est à présent mieux expliqué :

« Le groupement ennemi du nord, marchant par les deux rives de la Meuse, peut chercher à passer entre Givet et Bruxelles, et même accentuer encore davantage son mouvement vers le nord.

« Dans cette éventualité, la V° armée française et le corps de cavalerie qui lui est rattaché, opérant en complète liaison avec les armées anglaise et belge, s'opposeraient directement à ce mouvement, en cherchant à déborder l'ennemi par le nord. L'armée belge et le corps de cavalerie seraient tout placés pour cette action débordante.

« Pendant ce temps, nos armées du centre (IIIe et IVe) attaqueraient tout d'abord le groupement central ennemi pour le mettre hors de cause. Ce résultat obtenu, la majeure partie de la IVe armée marcherait immédiatement sur le flanc gauche du groupement ennemi du nord. »

On ne peut qu'admirer, à notre avis, une conception de manœuvre aussi judicieusement moulée sur la science brutale de l'enveloppement allemand. Mais cette conception suppose *a priori* que, sans parler des armées françaises, Belges et Anglais traiteront cette directive à la façon d'un ordre impératif, et en outre qu'ils n'abandonneront pas volontairement la partie ou qu'ils seront réunis en temps opportun...

Si clairement qu'il ait eu l'intuition de la manœuvre débordante, Joffre persiste à croire que l'ennemi commettrait une imprudence en se séparant de la sorte pour entreprendre une vaste randonnée à travers la Belgique. N'oublions pas qu'il ignore les effectifs totaux réunis par son adversaire. Aussi en revient-il toujours à l'hypothèse qu'il juge la plus vraisemblable :

« L'ennemi peut n'engager au nord de la Meuse qu'une fraction de son groupement d'aile droite.

« Pendant que son groupement central s'engagerait de front contre nos III° et IV° armées, l'autre partie de son groupement nord, laissée au sud de la Meuse, pourrait chercher à attaquer le flanc gauche de notre IV° armée.

« Dans cette deuxième hypothèse, la V° armée, laissant aux armées anglaise et belge la mission de combattre les forces allemandes au nord de la Sambre et de la Meuse, se rabattrait, par Namur et Givet, dans la direction générale de Marche ou Saint-Hubert.

« En vue de cette deuxième éventualité, il conviendrait d'organiser une forte tête de pont à l'est de Givet, sur une ligne qui pourrait être marquée par Falmagne, Finnevaux, Beauraing, bois de Sevry.

« Le groupe de divisions de réserve de la V° armée pourrait, en totalité ou en partie, agir avec l'armée anglaise au nord de la Meuse. »

On ne peut donc pas dire que Joffre n'a pas eu — assez à temps pour y faire face — une compréhension bien nette de la situation. Pouvait-il faire davantage? Eût-il été plus sage de pousser dès à présent la V⁰ armée au-delà de la Sambre? On se borne ici à poser la question, observant que le soin de consolider les Belges pouvait inciter à le faire; celui d'attendre les Anglais conseillait le contraire.

Quant à Lanrezac, sur la foi de son 1ᵉʳ corps, il continuait à éprouver des appréhensions peut-être exagérées au sujet de son aile droite. Cette unité, après avoir beaucoup insisté sur l'affaire de Dinant, signalait chaque jour des préparatifs nouveaux d'attaque sur la Meuse qui n'étaient jamais suivis d'exécution. Ainsi, le 19 au petit jour, elle se déclarait fortement attaquée, attaque qu'il fallait bien démentir quelques heures plus tard. Cette nervosité persistante ne pouvait que mettre Lanrezac en un fâcheux état de réceptivité, au moment où le calme lui allait être si nécessaire. Là réside peut-être l'une des causes les plus sérieuses de l'échec de notre manœuvre à Charleroi...

C'est le 19 août que le plan allemand nous est enfin révélé. Le mouvement général débordant n'est plus cette fois exclusivement signalé par les Belges; nos pilotes aériens voient les colonnes en marche; sur tout le front, l'ennemi grouillant est repéré; il se hâte vers l'ouest, à travers Meuse et Belgique.

Les divisions d'armée belges, après avoir abandonné la Gette et esquissé un semblant d'arrêt sur la Dyle, découvrent la capitale.

Simultanément, en Lorraine, la progression des I° et II° armées, lente depuis le début, se trouve arrêtée. Dubail évente des menaces d'attaque sur son flanc droit mal couvert par l'armée d'Alsace qui n'a pu que réoccuper Mulhouse.

La période aiguë est désormais ouverte.

CHAPITRE IV

LA PÉRIODE DE CRISE

(Du 20 au 24 août.)

Journée du 20 août.

Suivons la V⁰ armée dans son déplacement vers la Sambre. On sait que, le 2 août, la zone de concentration de cette armée avait été légèrement comprimée vers le Nord afin de permettre à l'armée de Langle (IV⁰) de se glisser au nord de Verdun entre les III⁰ et V⁰ armées. Son dispositif primitivement orienté face au nord-est, pour être en mesure, ainsi s'exprime le plan XVII, de se porter soit dans la direction de Luxembourg, soit dans celle de Neufchâteau, devait se redresser face au nord à partir du 15. Partant du front Vouziers,

Aubenton, pour atteindre la Sambre, sa droite, aile marchante, devait couvrir six étapes moyennes environ, tandis que sa gauche n'avait que trois courtes étapes à franchir.

Le 19 au soir, l'armée occupait les emplacements ci-après :

Corps de cavalerie, au nord de la Sambre.

1er corps, Q. G. à Anthée ; il continuait sa mission de *protection du flanc droit*, y compris la surveillance des passages de la Meuse, même détruits, au nord de Revin inclus.

A sa gauche, le 10e corps, Q. G. à Florennes, avait poussé dans la journée une avant-garde sur Mettet, et la tête de ses gros sur le front Stave, Oret, Hanzinne, de façon à *couvrir* au Nord le 1er corps contre toute attaque traversant la Sambre à l'ouest de Namur. Sa division de queue était demeurée aux abords de Philippeville, en situation de se porter soit vers Mettet, à la suite du gros du corps d'armée, soit *dans la direction de Givet...* toujours la préoccupation du flanc droit.

A la gauche du 10e corps, le 3e, Q. G. à Walcourt, avait la tête de ses gros sur la ligne Tarcienne, Nalinnes, avec un détachement mixte à

Gozée, en *surveillance* des passages de la Sambre
en amont de Charleroi.

Quant au 18ᵉ corps qui débarquait dans la région d'Avesnes, il devait pousser aussitôt que
possible une avant-garde sur Beaumont et se former à la gauche du 3ᵉ corps, jusqu'à Maubeuge ;
Q. G. du corps d'armée à Solre-le-Château.

En résumé, le 19 au soir, la Vᵉ armée pouvait
tenir par sa gauche les ponts de la Sambre et rien
ne l'empêchait le lendemain de franchir la rivière
avec toutes ses unités, ses deux ailes bien appuyées
aux places fortes de Namur et Maubeuge.

Mais pour la journée du 20, Lanrezac ne prescrit qu'une légère progression vers le Nord. Le
1ᵉʳ corps reste à sa mission de *garde-flanc droit*.
Le 10ᵉ se borne à pousser une avant-garde sur
Fosse, en mesure de s'*opposer* au débouché de
colonnes ennemies sur la rive droite de la Sambre,
à l'ouest de Namur ; le gros du corps d'armée
aura une division prête à *appuyer* le 1ᵉʳ corps,
l'autre prête à *soutenir* l'avant-garde de Fosse.
Voilà donc à quoi aboutit la marche stratégique
de la Vᵉ armée : ses deux corps de droite reçoivent
une mission tactique ultra-défensive, le quart
seulement de ces forces étant placé dans le sens

du mouvement. Quant au 3⁰ corps qui a déjà des éléments sur la Sambre, il ne dépassera pas avec la tête de ses gros la ligne Villers-Poterie, Loverval, mais il se disposera de façon à *pouvoir déboucher plus tard* dans la direction générale de Fleurus ou dans celle de Gosselies, ce qui veut logiquement dire qu'il tiendra les passages de la Sambre à Charleroi, à Châtelet, ainsi que les hauteurs au nord de la rivière. Toutefois, en attendant l'arrivée du 18⁰ corps, le 3⁰ *se gardera* sur la Sambre en amont de Charleroi. Le 20 au soir, ses débarquements terminés, le 18⁰ se formera par divisions successives, la tête de sa première division très en arrière sur le front Beaumont, Consolre.

Ainsi, à part la modeste velléité de progression qu'indique le 3⁰ corps devant Charleroi et Châtelet, toute l'armée Lanrezac sera vouée, à partir du 19 au soir, et par la volonté de son chef, *à se défendre au sud de la Sambre*.

Le danger possible sur sa droite malencontreusement grossi depuis l'affaire de Dinant ; l'encombrement de la vallée de la Sambre, remplie d'usines, de localités, de jardins ; l'isolement dans lequel le place le départ des Belges pour Anvers et le retard des Anglais à paraître à sa gauche, sans parler de l'appréhension que lui cause la supériorité numérique de l'ennemi, autant de motifs qui, à des doses diverses, ont brisé la volonté de mouvement que Lanrezac affirmait peu avant auprès de Joffre avec l'insistance qu'on connaît.

Cependant, le 19 au soir, s'il ne va pas chercher la bataille, et sachant que celle-ci viendra à lui, il semble résolu à l'accepter : dans cette intention, il propose de laisser le corps de cavalerie Sordet se reposer un jour ou deux sur la ligne Charleroi, Nivelles, où ce corps vient de se replier.

Cette bataille lui parait imminente : il sait que des forces allemandes considérables sont dirigées sur la rive gauche de la Meuse ; la majeure partie marche contre l'armée belge vers le nord-ouest, une plus faible cherche à encercler Namur au nord de la coupure Sambre, Meuse. Dans la région Huy, Florennes, Hannut, il n'y a plus que des convois marchant eux aussi vers le nord-ouest, tandis que de très gros rassemblements d'infanterie sont autour de Gembloux, Perwez, et que de nombreuses colonnes de toutes armes marchent de l'est à l'ouest sur toutes les routes traversant la chaussée Gembloux, Jodoigne.

Joffre reçoit aussitôt ces nouvelles que toutes les sources confirment. Les précisions affluent, et désormais les mouvements de l'ennemi n'auront plus de secrets pour nous : chaque jour, à chaque heure, la marche des différentes colonnes sera pointée sur la carte ; on identifiera les unités : 2ᵉ corps allemand à Aerschot, tête du 9ᵉ à Louvain, tête du 10ᵉ à Jodoigne, 7ᵉ traversant Huy, une division de cavalerie au nord, deux au sud vers Ottignies avec patrouilles vers Gembloux et dans les faubourgs de Bruxelles. A la première ruée des Allemands à travers la Meuse au nord de Liège, succède un vide de vingt-quatre heures ; puis un nouveau flot se précipite. Après avoir traversé Bruxelles, la cavalerie s'engage sur la chaussée de Ninove qui mène à Lille et à Tournai. La nuit, les lignes de feux de bivouac le long des routes de marche expliquent la vitesse déconcertante de la translation, marquent l'investissement progressif de Namur...

Le voile est déchiré au point que le plan complet de l'ennemi se lit dans les lettres qu'on ramasse sur les cadavres feld-grau : attirer le plus de forces françaises possible en Lorraine et en Alsace, et utiliser le maximum de corps allemands sur le théâtre du nord en vue d'une marche rapide sur Paris.

Joffre n'en continue pas moins à demander à tous des précisions nouvelles. Serait-ce qu'il s'estime encore insuffisamment éclairé ? Les difficultés auxquelles se sont heurtées ses armées de droite en Lorraine influeraient-elles sur la décision qui, dès à présent, pourrait être prise au sujet des armées de gauche ?... Or, dans la nuit du 19 au 20, Joffre ne songe pas à pousser Lanrezac ; il approuve son dispositif de prudence. Les Anglais n'étant prêts qu'à partir du 23, on stoppera jusque-là et, ce délai forcé, on le mettra au mieux à profit pour perfectionner la connaissance de l'ennemi ; on organisera des positions de résistance ; on renforcera Namur, autorisant Lanrezac, qui n'en fera d'ailleurs rien, à prêter une de ses divisions de réserve au général Michel, gouverneur de la place. Voilà pour l'aile gauche.

Va-t-il lâcher la bride à de Langle qui, lui, n'a rien à faire avec les Anglais ? Pas davantage. La IVᵉ armée est en train de se grossir du 9ᵉ corps (de la IIᵉ armée) dont il n'est arrivé qu'une division ; la division marocaine, également affectée à l'armée, commence aujourd'hui seulement à débarquer à Charleville.

Enfin, les missions complexes déjà signalées face à Metz ont abouti à un regroupement encore en cours : Ruffey avec sa III° armée marchera de concert avec la IV° et Maunoury, nouveau venu, prendra l'armée défensive de Lorraine.

Bref, dans l'ensemble, on juge préférable d'attendre...

Mais, toujours inquiète pour sa droite, la V° armée demande avec insistance que la IV° gagne sa hauteur sur l'autre rive de la Meuse, qu'elle borde au moins le fossé de la Lesse. Et comme dans le secteur Rochefort, Villers-sur-Lesse, Bastogne, de la IV° armée, les colonnes ennemies sont vues en marche vers le nord-ouest ; que devant la III° armée semblable aspiration de l'ennemi vers le nord-ouest semble se produire, faisant paraître déserte la région Virton, Arlon, Montmédy, Briey, Joffre autorise le général de Langle à prendre, dès le 20 au matin, toutes mesures utiles pour assurer son débouché au nord de la Semoy par sa gauche, dans la clairière de Florenville par sa droite, sans toutefois porter encore en avant les gros de ses corps d'armée.

Les ordres d'exécution sont aussitôt transmis aux troupes. Moins d'une heure après, avis parvient à la IVe armée que d'importantes colonnes adverses qui vers dix heures atteignaient par leurs têtes le front Neufchâteau, Bastogne, sont en marche vers l'ouest-nord-ouest, Vont-elles continuer dans cette direction ? Ou se rabattront-elles sur nous ?... Dans ce dernier cas, si l'ennemi se présente sur le front Bertrix, Saint-Médard, Rossignol, Etalle, et même sur la direction Arlon, Virton, que convient-il de faire pour la IVe armée ? Attendre sur le front actuel Montmédy, Sedan ? Ou bien aller chercher la bataille dans les clairières de Florenville et de Neufchâteau ?

Joffre, avisé de ces faits, répond dans l'après-midi qu'on ne peut pas encore en conclure que l'ennemi a déclenché son offensive ; que les renseignements reçus d'autre part ne signalent pas de mouvements importants dans la région Givet, Ciney, Huy, et que sur les ponts de la Meuse, en aval de Namur, il ne paraît pas qu'il soit passé, ce matin 20, autre chose que des convois des *corps d'armée allemands qui marchent contre l'armée belge.*

« Je comprends votre impatience, ajoute-t-il,

7

mais j'estime qu'il n'est pas encore temps de partir. Plus la région Arlon, Audun-le-Roman, Luxembourg sera dégarnie, mieux cela vaudra pour nous...

« En conséquence, conclut Joffre, les mesures prescrites ce matin sont suffisantes pour le moment. »

Puis, à la réflexion, songeant à l'avantage d'agir, le moment venu, de façon soudaine, il consentira dans la soirée à ce que les corps de la IVᵉ armée se rapprochent par une marche de nuit, et que de fortes avant-gardes de toutes armes viennent sur la ligne générale Bièvre, Paliseul, Bertrix, Staimont, Tintigny, pour assurer le débouché de l'armée au-delà de la Semoy. Le mouvement de l'armée dans la direction générale de Neufchâteau sera entrepris sur simple avis d'exécution.

A la même heure, vingt heures trente, ordre est transmis à la IIIᵉ armée de commencer demain, 21 août, son mouvement en direction générale d'Arlon, la tête de ses deux corps de gauche orientée sur Virton et Tellancourt, son corps de droite en échelon refusé à hauteur de Beuveille. Mission : contre-attaquer toute force ennemie qui chercherait à gagner le flanc droit de la IVe armée ; éventuellement, s'engager face à l'est.

En résumé, dans la journée du 20 août, Joffre recommence avec ses IIIe et IVe armées, au profit de la masse de gauche (Lanrezac, Belges, Anglais) la manœuvre qu'il a déjà exécutée à partir du 14, avec ses Ire et IIe armées, au profit des trois armées de gauche. Cette manœuvre comporte une tentative de rupture sur le pivot du mouvement débordant que l'ennemi entreprend par le nord. Cette seconde tentative débute le jour même où l'échec des armées Castelnau et Dubail se trouve définitivement confirmé. Bel exemple de ténacité de notre commandement !

Un mot sur les opérations de ces armées en Lorraine.

Leurs progrès très lents, les menaces sur la droite de la Ire armée et sur la gauche de la IIe, aboutissent à l'arrêt forcé, quand brusquement, le 20 au matin, l'ennemi lance une violente contre-attaque sur la Ire armée et l'aile droite de la IIe infléchie vers le nord-ouest. Tandis que la Ire résiste, la IIe se voit aussitôt dans une situation très précaire et son chef doit songer à une retraite immédiate sans savoir où elle pourra s'arrêter. Cette IIe armée, qui avait d'abord progressé pas à pas, voyant l'ennemi céder devant elle, crut qu'elle n'avait plus qu'à poursuivre. Et c'est au moment où elle renonçait délibérément à toute prudence que le choc violent de l'ennemi se produit : de là sa désorganisation instantanée. Elle oblige à arrêter le transport en cours du 9e corps qui restera scindé par la suite.

Joffre donne cet ordre à regret. Il s'efforce de maintenir la liaison entre les deux armées en retraite. Surtout, il encourage Castelnau qui considère la situation comme très grave et il le rassure sur les effectifs ennemis qui sont devant lui. De toutes parts, d'ailleurs, il s'emploie, par un ton d'optimisme confiant, à tranquilliser ses sous-ordres ou les autres autorités qui s'adressent à lui.

Journée du 21 août.

La journée du 21 août paraît avoir été une journée de confirmations et de décisions irrévocables pour Joffre. De bonne heure, il déclenche le mouvement de la IVe armée ordonné de la veille, mais encore soumis, ainsi qu'on l'a vu, à l'envoi d'un signal d'exécution. Ce mouvement au nord de la Semoy que Joffre veut décisif sera poursuivi le 22 dans la direction du nord. La IIIᵉ armée marchera en échelon refusé à la droite de la IVᵉ. L'ennemi sera attaqué partout où on le rencontrera.

Cette décision coïncide avec de nouvelles précisions obtenues sur les mouvements de l'ennemi, et cette coïncidence marque bien la corrélation qu'établit Joffre entre l'attaque qu'il a combinée en Luxembourg belge et le débordement allemand par la Belgique.

Il ne lui est désormais plus possible d'avoir le moindre doute sur la manœuvre de l'ennemi. Le haut commandement allemand, estimant que sa IIᵉ armée (von Bülow) a suffisamment gagné dans sa conversion en rive gauche de la Meuse, ordonne à la IIIᵉ armée (von Hausen), qui occupe le Luxembourg belge, de se porter en avant. L'ordre de Moltke est exécuté sans retard et les troupes allemandes qui viennent d'atteindre Bruxelles se rabattent vers le Sud. Ainsi, après avoir passé la Meuse à Auduin et Huy, les gros ont marché, l'un sur Louvain, Bruxelles, l'autre sur Gembloux, Charleroi. D'autre part, l'ennemi tente dans la journée d'enlever Namur par une attaque brusquée.

A cette lumière enfin complète sur la situation dans le nord, font tache les inquiétudes sur ce qui se passe en Lorraine. Castelnau ne sait pas si le repli de ses troupes, qu'il a essayé de dérober dans la nuit au contact de l'ennemi, s'est effectué de façon à lui faire espérer une réorganisation à l'abri du grand Couronné de Nancy et des forêts de Vitrimont et Mondon. Pourra-t-il accepter sur ces positions une nouvelle bataille? Dans le doute, il envisage son repli jusque vers les Hauts-de-Meuse, sa gauche à Toul; sa droite dans le massif de Châtenois.

Dubail conserve heureusement mieux son calme. S'il recule, c'est à contre-cœur, parce qu'il en reçoit l'ordre et que la débâcle de la IIe armée l'y oblige en quelque sorte.

Joffre s'efforce donc d'affermir Castelnau dans l'idée de tenir sur les positions de Nancy et sur le barrage mosellan Bayon, Gripport, Charmes. Qu'il résiste devant Nancy au moins vingt-quatre heures pour éviter la dépression que produirait sur le pays la perte de cette ville, mais surtout pour le succès même de notre manœuvre d'autre part qui a commencé.

Et sachant qu'à la guerre les choses sont finalement telles qu'on veut les voir, il s'adresse à ses armées de droite, leur donne conscience de l'œuvre déjà accomplie, leur parle des nouveaux efforts qui restent à fournir : « L'armée d'Alsace, les I° et II° armées ont actuellement accompli la première partie de leur mission en retenant ou attirant à elles une part importante des forces adverses. Il importe actuellement dans cette partie du théâtre d'opérations non seulement de durer, mais de maintenir l'ennemi et d'être en état de reprendre l'offensive. »

Reprendre l'offensive ! Voilà bien la saine et pure doctrine ! On attaque dans les Ardennes ; peut-on s'empêcher d'attaquer aussi en Lorraine ? Offensive générale, toutes forces réunies : la pensée dominante du plan XVII va-t-elle enfin pouvoir être réalisée ?

En ce qui le concerne, Joffre s'y emploie au mieux. On connaît l'ordre qu'il a donné aux III° et IV° armées, en vue de faire marcher dès ce jour, 21, la IV° armée sur Neufchâteau, la III° sur Arlon, pour *attaquer* les forces ennemies entrées dans le Luxembourg belge et qui paraissent se déplacer vers l'ouest.

A la V⁰ armée, il lance dans la matinée l'ordre de *prendre pour objectif* le groupement ennemi du nord, en s'appuyant à la Meuse et à la place de Namur.

S'il ne peut ordonner au commandant en chef des forces anglaises, il le prie de coopérer à l'action de la V⁰ armée en se tenant à la gauche de cette armée et en portant tout d'abord le gros de ses forces dans la direction générale de Soignies. Très loyalement, French exécutera autant que possible, et il s'efforcera en tout cas d'agir dans le sens des instructions de Joffre. La collaboration des deux armées semble dès à présent bien acquise.

Mais il n'est pas de texte sur lequel on ne puisse ergoter. « Prendre pour objectif le groupement ennemi du nord », c'est, si l'on veut, marcher à à lui et l'attaquer ; mais cela peut encore s'interpréter ainsi : l'attendre en lui faisant face et même, dans ce dernier cas, on s'appuie bien effectivement à la Meuse et à la place de Namur. Très versé dans les finesses des discussions d'école, Lanrezac ne tarde pas à saisir la nuance. Et, soucieux des responsabilités à endosser, il s'adresse à Joffre, lui pose la question. La V⁰ armée est prête à franchir la Sambre ; mais elle doit laisser un corps d'armée pour couvrir sa droite tant que la IV° armée ne sera pas arrivée au nord de la Lesse. Quant aux Anglais, French fait savoir qu'il ne sera que le 23 sur le front Mons, Erquelines. Si la V° armée passe dès le 22 sur la rive gauche de la Sambre, elle livrera bataille *seule*. Faut-il dans ces conditions passer la Sambre demain 22? Toute l'argumentation qui précède montre bien quelles sont les préférences de Lanrezac.

Celui-ci, en attendant que Joffre réponde, adresse à son armée l'ordre de se tenir prête à prendre l'offensive au-delà de la Sambre, pour se porter sur le front Namur, Nivelles, face au nord-nord-est, quand les mouvements des armées voisines le permettront. Cette intention d'offensive une fois marquée, le commandant de la V° armée s'étend longuement sur les dispositions à prendre pour s'opposer éventuellement à un débouché de forces ennemies sur la rive sud de la Sambre. Il indique à chaque unité les positions à occuper et à organiser sur cette rive. Il précise la nature des éléments qu'il convient de laisser dans la vallée de la Sambre, à la simple garde des ponts. Ces éléments reçoivent la mission non pas de résister dans le fond de la vallée à des colonnes de toutes armes, mais simplement d'arrêter des incursions éventuelles de cavalerie. Rien sur la rive au-delà.

En un mot, Lanrezac traduit l'ordre de Joffre dans son sens le plus strictement défensif, et ses raisons, il les dit à ses troupes : retard des voisins, propre infériorité numérique, mauvaises conditions tactiques des fonds habités de la Sambre.

Dans la soirée seulement, Joffre déclare à Lanrezac qu'il le laisse juge du moment où il conviendra de commencer son mouvement offensif. En même temps, il se tourne vers la IV° armée dont le commandement paraît plus résolu et il lui confirme ses ordres de la matinée. A de Langle d'attaquer à fond pour acculer à la Meuse, entre Dinant, Namur et l'Ourthe, les forces adverses qui se trouvent dans cette région. La III° armée n'aura dans cette opération qu'à protéger le flanc droit de la IV° contre les forces qui resteraient dans la région de Luxembourg. Le dispositif échelonné prévu pour Ruffey sera donc maintenu ; il lui permettra, si besoin est, de s'engager face à l'est... Metz demeure pour Joffre un persistant sujet de préoccupation.

Enfin, dans cette même soirée du 21, les nouvelles reçues de Lorraine se font plus rassu-

rantes : la situation matérielle et morale de la
II⁰ armée s'améliore et Castelnau ne parle plus
de se retirer au-delà de la Moselle. Le sort des
armes nous peut encore devenir favorable...

Journée du 22 août.

Sur tout le front, la journée du 22 sera une
dure journée d'engagements ou de bataille. En
Lorraine et dans les Vosges, nos armées résis-
tent et se disposent à subir les assauts que l'ennemi prépare. Au nord de Verdun, la III⁰ armée
qui a débuté depuis la veille sur le front Virton,
Audun-le-Roman, voit son offensive compromise
par suite d'erreurs qui résultent d'une fâcheuse
dissémination du commandement; les conséquences s'aggraveront d'ailleurs dans le cours
des journées prochaines. A gauche, la IV⁰ armée
se heurte à l'ennemi d'abord par sa droite, puis
le contact s'étend à la totalité de son front depuis
Rossignol jusqu'à Paliseul. Bien que l'armée n'ait
pas plus de trois corps d'armée ennemis devant
elle, l'ensemble des résultats acquis en fin de
journée ne paraît pas satisfaisant au général de
Langle. Renonçant à poursuivre son attaque, il

donne dans la nuit, pour le lendemain, l'ordre de tenir sur le front Houdremont, Bièvres, Paliseul, Bertrix, Straimont, Jamoigne, Meix-devant-Virton. Ces dispositions sont loin de satisfaire Joffre qui, ne sachant pas encore exactement ce qui s'est passé à la IVᵉ armée, invite de Langle à reprendre l'offensive le plus tôt possible.

Face à la Vᵉ armée, l'ennemi rend vaine l'incertitude de Lanrezac relative au franchissement de la Sambre. Von Bülow la franchit lui-même dans la matinée du 22, heureux de ne se heurter dans les fonds qu'à la résistance insignifiante des postes de surveillance qui, entre Châtelet et Floriffoux, garnissent le front des 10ᵉ et 3ᵉ corps d'armée. Dès qu'il sort des localités, où une chicane énergique eût rompu son élan, il attaque sans hésiter les troupes qu'il a devant lui. Lanrezac s'est transporté dans l'après-midi auprès du commandant de son 10ᵉ corps. Tous deux sont étourdis par la vigueur des coups que l'ennemi leur assène, et désormais, à la Vᵉ armée, il ne sera plus question que de passivité. Sans cesse inquiet pour sa droite, le commandant de l'armée, tout en invitant le 1ᵉʳ corps à appuyer dans la mesure du possible le 10ᵉ, le confirme dans sa mission antérieure de garde entre Namur et Givet. L'ensemble continuera de tenir sur les positions déjà indiquées ; le corps de gauche, le 18ᵉ, se rapprochera du 3ᵉ ; le 4ᵉ groupe de divisions de réserve viendra border la Sambre entre Maubeuge et la frontière belge ; enfin, ordre est donné au corps de cavalerie d'assurer sur la rive gauche de la Sambre la liaison entre 18ᵉ corps et Anglais.

Toutes ces mesures défensives, bien que prises sur des positions favorables, n'empêchent pas l'ennemi de gagner du terrain. En fin de journée, le 10ᵉ corps est rejeté sur le front Biesme, Saint-Gérard, à une dizaine de kilomètres au sud de la Sambre, forçant ainsi le 1ᵉʳ corps — si par extraordinaire Lanrezac eût oublié de lui en donner l'ordre ! — à rompre tout contact avec Namur et à renoncer à défendre la Meuse en aval d'Yvoir. Sur la gauche de l'armée, rien de partilier, si ce n'est que le corps de cavalerie n'a pas pu se maintenir au nord de la Sambre, épuisés que sont ses chevaux, et que l'armée anglaise est encore en échelon en arrière de l'armée Lanrezac.

En somme, cette journée de prise de contact

n'a pas été favorable à la Ve armée dont la « capacité de mouvement en avant » se trouvait depuis quelques jours à peu près annihilée par la volonté de son chef. Pour Joffre qui, sans doute, ignore l'état d'esprit du plus savant de ses commandants d'armée, la situation n'est en rien compromise. L'attitude expectante de Lanzerac se justifie en quelque façon tant que les Anglais ne sont pas arrivés à sa hauteur. Il compte que l'alignement enfin obtenu, tous ensemble exécuteront une sorte de contre-attaque qui produira sur l'ennemi dans les Ardennes des effets analogues à ceux que nous-mêmes avons ressentis en Lorraine. Or les Anglais, dont la dernière division achèvera de débarquer le dimanche 23 août à dix-huit heures, pourront intervenir dès le matin de ce dimanche. Joffre est donc fondé à envisager l'avenir avec confiance et à ne point se tourmenter des menaces d'incursion de la cavalerie allemande dans nos départements du nord. A tous il cherche à communiquer la foi dont lui-même se sent pénétré. Ne remplit-il pas ainsi à merveille la tâche essentielle qui incombe à un chef?

Entre temps, il précise au maréchal French la nature de la mission échéant aux troupes anglaises : si elles-mêmes ne sont pas attaquées, elles devront attaquer en flanc les forces ennemies qui passent la Sambre face à la V° armée. A quoi le maréchal French déclare que, quoiqu'il arrive, son armée se maintiendra pendant vingt-quatre heures sur ses positions du 23 au matin, dans la zone Saint-Ghislain, Mons, Houlchin, Maubeuge, la Longueville. Certes, semblable décision, empreinte d'une incontestable timidité, n'est point de nature à fournir une aide bien effective à la V° armée, si ce n'est qu'elle couvre son aile gauche. Elle s'explique cependant par ce fait que l'armée anglaise vient à peine d'arriver et qu'elle a besoin d'un certain temps pour se reconnaître, s'organiser, se mettre en train. En outre, l'aviation anglaise a déjà reconnu des colonnes ennemies qui peuvent menacer l'armée non seulement sur son front, mais encore sur sa gauche. Serait-il prudent, avec un ennemi au nord, bientôt à l'ouest, de faire face à l'est? Rester à hauteur de Mons pendant vingt-quatre heures, ce sera déjà se trouver en pointe par rapport à la V° armée, quoiqu'en dise Lanrezac dès le 22.

Celui-ci n'ignore pas la présence à sa gauche de l'armée anglaise puisque, sur l'invitation de

Joffre, il ordonne au corps de cavalerie, désormais encastré dans des unités de toutes armes, de gagner la gauche anglaise, à l'aile extérieure qui est sa place logique.

Journée du 23 août.

De ce qui précède, on est en droit de conclure que, le 23 au matin, les choses peuvent encore s'arranger sur la Sambre. Que l'ennemi nous laisse quelque répit et surtout que Lanrezac montre enfin la virilité nécessaire? Précisément, jusqu'à midi, l'ennemi ne manifeste aucune activité sur son front : sa ruée de la veille n'est pas allée sans éprouver ses unités. Quant à la V° armée, elle tient le front Thuin, Ham-sur-Heure, Nalinnes, Tarcienne, Hanzinne, Wagnée, Saint-Gérard, sur lequel les gros se sont organisés. Le général Valabrègue a atteint avec son groupe de divisions les positions qu'on lui a indiquées sur la Sambre, à hauteur de Jeumont. Le moral des troupes est partout excellent, c'est Lanrezac lui-même qui le déclare. Qu'il attaque donc, et la II° armée allemande risque fort d'être mise en mauvais arroi!

Or voici ce que Lanrezac ordonne :

Dès six heures du matin, il reporte vers le sud la limite avant de sa zone d'étapes, jusqu'au dessous d'Hirson, à cinquante kilomètres en arrière du front. Prévision louable, dira-t-on, que de ne point maintenir des convois encombrants à portée du champ de bataille : il faudrait cependant que les troupes, pour être ravitaillées le soir, ne soient pas obligées de se replier vers ces convois !...

Ceci fait, Lanrezac regarde vers la IV⁰ armée. Il indique à de Langle l'attaque qu'il a subie la veille — une attaque *violente*, comme s'il pouvait en être autrement à la guerre! — et les positions qu'il occupe. De ces positions, il est en mesure d'appuyer une action de la IV⁰ armée sur la basse Lesse. Que la IV⁰ armée vienne donc de ce côté et dans la région de Dinant pour permettre à la V⁰ de l'appuyer, sinon, la V⁰ armée, obligée de céder prochainement du terrain, devra rompre les ponts de Dinant et d'Hastières et cessera de couvrir la gauche de l'armée de Langle !...

De cette dialectique un peu confuse, bornons-nous à retenir que Lanrezac reste hypnotisé par sa droite. Mais quelle évolution, quelle prudence depuis les jours encore proches où, bouillonnant d'impatience, il insistait si fort auprès de Joffre pour que celui-ci, alors plus attentif et plus calme, l'autorisât à s'élever vers le nord, à faire cavalier seul!

Quoi qu'il en soit, l'ennemi ne tarde pas à fournir au commandant de la V° armée des éléments de justification. Au début de l'après-midi, il passe la Meuse au gué d'Hastières, entre Dinant et Givet, tout à fait sur les derrières du 1er corps qui ne parvient pas à le rejeter dans le fleuve. Cet ennemi était-il nombreux? On ne possède encore aucune précision sérieuse sur cet événement. Mais il se produit au point le plus sensible pour Lanrezac. Aussi, à peine Joffre lui demande-t-il son opinion sur la situation, ce qu'il compte faire, l'avis du maréchal French et l'appui que celui-ci peut donner à la V° armée, Lanrezac ne songe même pas à faire la moindre allusion à l'armée anglaise. Et le soir du 22, il rend compte que son 3° corps attaqué dans l'après-midi n'a pas tenu, qu'il s'est replié sur Walcourt, que les Allemands sont dans Namur, qu'un *détachement de fantassins* ennemis ayant passé à gué au nord d'Hastières a réussi à occuper Onhaye, que Givet a été menacé, que la IVe armée n'arrive pas. Conclusion : il se repliera demain sur le front Beaumont, Givet.

C'en est fait. Sans qu'une bataille véritable ait été livrée, la clé de voûte du groupe nord s'effondre. Lanrezac échappe ; il en avait hâte ; il veut garder son armée pour plus tard ; il lui fallait un prétexte : le détachement d'infanterie du gué d'Hastières le lui fournit !

Or, à l'heure où il décide ainsi de refuser la bataille, les Anglais, à sa gauche, n'ont pas été inquiétés, et à sa droite, il ignore quels événements se sont déroulés devant la IVe armée.

En vérité ces derniers n'étaient point brillants. L'insuccès du 22 fut suivi dans la nuit d'un repli qui, pour quelques unités, ressemblait davantage à une débâcle qu'à une retraite ordonnée. Au matin du 23, de Langle, estimant que le terrain boisé dans lequel il se trouvait ne permettait pas à ses troupes de mettre en valeur tous leurs moyens d'action, se proposait d'assigner des positions de repli au nord de la Chiers et de tenir le débouché des bois à bonne portée de canon, sur le front Pure, Messincourt, Escombres, Matton, les deux Villes, Puilly, Auflance, Thonne-la-Thil. Mais cette intention ne fut pas suivie d'un ordre d'exécution. Par contre, dans la matinée, un ordre inverse enjoignait aux corps d'armée de reprendre l'offensive le plus tôt possible. Que penser de semblables fluctuations, si ce n'est, pour le moins, que le commandement de l'armée n'était pas en contact intime et permanent avec ses propres troupes? Moins d'une heure après sa réception, cet ordre d'offensive provoque une déroute de toute la gauche de la IV° armée et de graves échecs sur sa droite. L'ordre de repli vient enfin et la retraite ne sera plus limitée cette fois, au débouché des forêts; elle ira jusque sur la coupure Meuse, Chiers, où de Langle espère que son armée pourra durer, réparer ses pertes, se refaire et devenir apte à passer de nouveau à l'offensive. Pour le moment, celle-ci se trouve provisoirement enrayée.

Même incapacité offensive à la III° armée, devant un ennemi qui se montre toujours mordant. Les efforts personnels de Ruffey réussissent cependant, au cours de la journée, à rétablir une situation compromise.

Heureusement, en Lorraine, les I° et II° armées ont pu occuper les positions prévues sans être trop inquiétées par l'adversaire; elles se tiennent prêtes à livrer une bataille qu'on devine prochaine. De ce côté, Joffre éprouve une relative tranquillité d'esprit : il sait qu'il peut compter sur l'énergie, la volonté et le sang-froid de ses commandants d'armée.

A son tour, qu'a fait Joffre dans cette journée du 23 août, si fertile en événements décisifs ? Son rôle se réduit à presque rien : renforcement du barrage d'Amade entre Arras et Valenciennes avec deux divisions de réserve de la défense mobile de Paris où on les remplacera par deux divisions territoriales; ordre de charger les dispositifs de mines sur les voies ferrées partant de Charleville dans les directions de Givet et Montmédy. Pour tout le reste, il attend : la parole est désormais à ceux qui exécutent la manœuvre stratégique qu'il a lui-même préparée. Cette manœuvre avait pour objet de mettre le gros des forces au point qui pouvait être le plus sensible pour l'ennemi. Quant aux conditions de réussite — la valeur des troupes et la persévérance dans l'exécution, — elles lui échappent, et dès le soir du 23, Joffre doit s'avouer qu'elles ne seront point remplies.

Journée du 24 août.

La journée du 24 verra la ruine définitive des espérances qu'il a pu conserver sur la manœuvre offensive initiale prévue au plan XVII.

A la gauche, French est bien resté vingt-quatre heures sur sa position avancée, ainsi qu'il l'a promis. Le recul de la V° armée sur le front Maubeuge, Givet rendant leur situation en pointe dangereuse, les Anglais se replieront à partir du 24 au matin, pour gagner la ligne Maubeuge, Valenciennes. Joffre approuve; il indique Cambrai comme direction de retraite ultérieure, de façon à faire garnir par l'armée anglaise l'espace compris entre Lanrezac et d'Amade.

Avisé, d'une part, du repliement des Anglais qui, en cas de menace sur leur gauche, se ferait sur Amiens, d'autre part du recul de la IV° armée en arrière de la Meuse, et toujours engagé de façon « violente » sur son front, Lanrezac décide de bonne heure, le 24, de poursuivre son mouvement de repli vers la ligne Rocroi, Avesnes. Il sera ainsi à une étape plus au sud que ce que croit French. Mieux encore! En cours de marche, et toujours dans la matinée, il annonce à ses corps d'armée la prochaine étape vers le sud, celle qui conduira l'armée derrière les bois sur la ligne générale La Capelle, Hirson, Mézières ; il pense à reprendre du champ pour arrêter l'ennemi au débouché de ces bois. La retraite sera donc continuée le 25 août au point du jour, « à moins d'ordre contraire ». En passant, le gouverneur de Maubeuge est prévenu qu'il devra désormais se tirer seul d'affaire ! Or, dans la matinée du 24, Joffre indique à la V° armée d'utiliser la place de Maubeuge et d'appuyer sa droite au massif boisé des Ardennes... En outre, les Anglais ont besoin qu'on leur vienne en aide : à peine leur mouvement de retraite a-t-il été amorcé que l'armée von Klück les a agrippés, infligeant des pertes assez sérieuses à leur gauche. Dans ces conditions, Lanrezac, malgré la présence d'éléments ennemis à Haybes et Hermeton-sur-Meuse, consent à limiter son recul, au moins en ce qui concerne sa propre gauche. Celle-ci se tiendra même prête à appuyer l'armée anglaise en attaquant le 25 dans la direction de Thuin, mais à la condition que l'armée anglaise marche à son tour sur Mons. C'était tout ignorer de leur situation exacte que de prêter en ce moment la moindre pensée d'offensive aux troupes du maréchal French.

En fin de journée, le 24, la V° armée se trouvait orientée sur le front Maubeuge, Marienbourg qu'elle avait atteint sans aucune difficulté. Elle était prête à reculer encore pour conformer son mouvement, non plus maintenant à celui de l'armée placée à sa droite, mais à celui des Anglais, sur qui la pression de l'ennemi allait se faire de plus en plus sentir.

Car la IV° armée, à qui Joffre confirmait le 24 au matin l'indication de se replier sur la Meuse, rive gauche en aval de Mouzon et rive droite entre Mouzon et Stenay, résistait victorieusement à la poursuite allemande par d'énergiques contre-attaques. Cette fière attitude permettait au général de Langle d'exécuter sa retraite sans incidents et, sur la demande du général en chef, de récupérer à sa gauche au moins un corps d'armée pour établir une liaison entre les IV° et V° armées.

A la III° armée, au cours des 24 et 25 août, un succès réel était remporté à Etain, mais, par défaut d'exploitation, il demeura localisé. Joffre donnait à Ruffey l'ordre de replier sa gauche autour de Montmédy, de s'en tenir à droite à la défense des Hauts de Meuse sur les positions déjà organisées entre le nord de Verdun et Toul.

Enfin, en Lorraine, les Ire et IIe armées s'apprêtaient à reprendre l'offensive. Cette offensive bien conduite, troupes et chefs ayant mis tout leur cœur, forcera l'ennemi à reculer et donnera ainsi à Joffre un pivot, un point d'appui auquel il pourra accrocher une nouvelle manœuvre. Dès le 24 au matin, des ordres étaient transmis en ce sens; ils ne se rattachent plus au plan XVII qui visait à une offensive générale. « Nous sommes condamnés, disait Joffre, à une défensive appuyée sur nos places fortes et sur les grands obstacles du terrain, cédant le moins possible de territoire. Notre but doit être de durer le plus longtemps possible en nous efforçant d'user l'ennemi et de reprendre l'offensive le moment venu ». Ces propos sont du 24 août au matin.

TROISIÈME PARTIE

CONCLUSIONS

Ainsi, sans que le moindre doute puisse être émis à ce sujet, la réalisation du plan XVII se termine par un échec. L'offensive tentée dès le début du conflit pour porter en territoire adverse les horreurs de la lutte n'a pas abouti; notre retraite s'impose et une fois de plus, au cours des âges, la douce France va subir l'étreinte douloureuse de l'envahisseur.

Quelles sont les raisons de cet échec ?
Pouvait-on faire mieux ?

Pour porter sur le plan français un jugement tout à fait équitable et apprécier en pleine connaissance de cause la manœuvre offensive des frontières qui, du 14 au 23 août 1914, s'étendit à la totalité du front depuis le Rhin jusqu'à la Sambre, il importerait de faire du côté allemand un travail analogue à celui qui vient d'être tenté du côté français. On comprend que les opérations prescrites par Joffre ou par ses commandants d'armée subordonnés, si elles sont fonction des des situations qu'ils connaissaient de l'ennemi et des projets qu'ils lui prêtaient, le sont encore davantage de l'état exact de cet ennemi et de ses intentions véritables. Et l'écart qui forcément existe entre les hypothèses établies par notre commandement et la réalité donne une première mesure des erreurs qui ont été commises.

Or, pour le moment, cette réalité nous échappe. Les emplacements des troupes, leurs effectifs, les dates et plans, les ordres donnés, bref, tous documents militaires officiels relatifs à cette période ne sont point encore sortis des archives allemandes. Sortiront-ils de sitôt; et quand ils le feront, ne devra-t-on pas les soumettre à l'épreuve d'une critique interne minutieuse?... Quoi qu'il en soit, jusqu'à ce que les pièces probantes en soient fournies, on en est réduit aux conjectures sur les idées de manœuvre qu'a voulu exécuter le Moltke de 1914, et tout examen des opérations militaires ne se présente qu'avec un caractère provisoire, donc sujet à révision.

Toutefois, même en l'état incomplet et en quelque sorte unilatéral de la documentation révélée, il semble qu'on puisse dès maintenant examiner avec compétence les principales caractéristiques du plan XVII et, de ce fait, discerner avec une approximation suffisante les causes importantes de notre insuccès.

On peut incriminer, soit le plan tel qu'il a été établi, soit la réalisation qu'on en a tentée. En ce qui concerne le plan proprement dit, on a reproché le dispositif de concentration qu'il établissait et la conception d'offensive sur laquelle était basé ce dispositif. Nous avons examiné ces deux points dans la première partie de notre travail. Il ne semble pas nécessaire d'y revenir ici, si ce n'est pour signaler que l'impression d' « aventure », que maints écrivains ont voulu dégager du plan de Joffre pour en faire un grief à son auteur responsable, est née *a posteriori* et découle de son échec. A la guerre, il faut savoir oser. Eussions-nous réussi, aucun ne se lasserait d'admirer l'esprit d'audace, le désir d'entreprise dont s'inspire le plan XVII et qui, dans tous les temps, ont été considérés comme les gages les moins contestables de la victoire. Mais, ceci une fois posé, on n'en doit pas moins convenir que les fondements mêmes du plan reposent sur une estimation inexacte de la valeur de notre ennemi et sur une méconnaissance des moyens dont il disposait contre nous.

Le haut commandement français n'était pas, ou était mal renseigné sur les possibilités militaires de l'Allemagne. Il ignorait les forces totales mises en œuvre par son adversaire et n'avait que des notions par trop sommaires sur l'organisation de son armée mobilisée. Pas davantage, il n'avait su recueillir une documentation quelque peu précise sur le plan de concentration ennemie et il semble s'être limité dans cet ordre d'idées à un certain nombre d'hypothèses dont il fallut attendre des faits eux-mêmes la discrimination.

Même pénurie persistante au cours du rassemblement des armées et pendant les opérations de début. Nous l'avons fait ressortir à plusieurs reprises dans la deuxième partie de cette étude : nos services de renseignements se sont montrés, sinon inexistants, du moins fort précaires et nullement à la hauteur des tâches qui leur incombaient.

Faute d'avoir reçu en temps opportun les

développements nécessaires, ils ne purent utilement fonctionner dès les premiers jours de la guerre, à la suite des habiles dispositions prises par l'ennemi.

Notre ignorance ne se limitait pas aux dispositions et aux effectifs de campagne de l'armée allemande; elle s'étendait à l'armement lui-même. Nous ne savions pas que les unités fourmillaient de mitrailleuses; que la cavalerie allemande, renonçant judicieusement au rêve des charges héroïques qui persistait à hanter la nôtre, était dotée d'engins puissants pour agir par le feu; qu'une artillerie lourde nombreuse nous canonnerait à des distances insoupçonnées; que le rideau défensif préparé en Lorraine était d'une solidité à l'épreuve; que l'aviation militaire n'était pas un simple organe de sport; etc.

En un mot, la puissance en nombre et en matériel de l'armée allemande nous avait échappé. De là, en partie tout au moins, l'audace des dispositions prises par Joffre; et ce fut, croyons-nous, le côté heureux de notre aveuglement car, à elle seule, cette audace aurait pu nous sauver. Mais à toute médaille son revers : de là aussi l'état incomplet de nos forteresses, de nos armements, l'insuffisante préparation de notre force militaire et du pays tout entier à la guerre.

Ceci posé, entrons dans le vif de l'exécution proprement dite et passons brièvement en revue les différentes causes auxquelles on peut attribuer l'échec du plan XVII.

La question des effectifs se présente la première à l'esprit. Il paraît préférable d'exprimer ces effectifs non pas en hommes dont les chiffres, d'une armée à l'autre, ne sont pas intégralement comparables, mais par grandes unités de combat.

Sur le front français, les Allemands disposaient d'un total de *85 divisions d'infanterie*, plus *10 divisions de cavalerie*. Les premières se décomposaient comme il suit :

22 corps d'armée actifs, soit 44 divisions.

15 C. A. 1/2 de réserve, 31 divisions.

Formations d'ersatz et de landwehr, 10 divisions.

En face, les forces françaises faisant partie du groupe principal des armées du nord-est comprenaient *72 divisions d'infanterie* et *10 divisions de cavalerie :*

20 corps d'armée du temps de paix, soit 41 divisions.

Le corps colonial, les troupes tirées d'Algérie, du Maroc et des Alpes, 7 divisions.

Divisions de réserve, y compris celles des places, 24 divisions.

Il y avait donc sur l'ensemble de notre front, en faveur des Allemands, une supériorité globale de 13 divisions.

Cette supériorité s'est d'ailleurs trouvée presque tout entière reportée dans la partie nord du théâtre des opérations, devant l'armée Lanrezac. En effet, tandis que cette armée ne comptait qu'un total de 15 divisions d'infanterie et 3 divisions de cavalerie, les forces allemandes opposées s'élevaient à 26 divisions d'infanterie, 6 de cavalerie. Rien qu'en infanterie, il y avait une différence de 11 divisions entre les deux belligérants, soit presque le total de la prédominance allemande.

En vérité, l'infériorité française se trouvait compensée par :

L'armée belge : 6 D. I, 1 D. C. ;

L'armée anglaise : 4 D. I., 1 D. C.

Ce qui fait pour l'ensemble des forces en présence :

Du côté allemand : 26 D. I. et 6 D. C. ;

Du côté allié : 25 D. I. et 5 D. C.

En ce qui concerne le point de vue numérique exclusif, l'équilibre se voit ainsi à peu près rétabli et des chiffres aussi voisins suggèrent une *première conclusion,* c'est qu'il faut chercher ailleurs que dans les effectifs la raison principale de notre échec à la bataille des frontières.

La cause résiderait-elle dans la pauvreté de nos combinaisons, avec, comme contre-partie aggravante, la fertilité d'imagination ou les conceptions grandioses des esprits dirigeants de l'armée allemande?

Le plan de Moltke était l'application des théories émises en Allemagne avant la guerre par les augures du grand état-major de Berlin, théories ayant trouvé leur expression dans les écrits depuis longtemps connus des Bernhardi et des Schlieffen. Il les exagérait même en poussant le principe du débordement à l'extrême. Or, en soi, le débordement n'est qu'un moyen. Plus que par ses effets matériels, il agit efficacement par la surprise qu'il provoque chez celui qui le subit, et il ne réussit qu'autant que toutes dispositions sont prises pour empêcher en temps utile l'exécution d'une parade et de la riposte qui sera susceptible de renverser les rôles.

En l'espèce, le débordement allemand de 1914, non seulement était soupçonné à l'avance, mais encore, par l'ampleur inusitée de son rayon circulaire, il rendit illusoire une surprise absolue. Ne pouvant plus être arrêté une fois lancé, quelles que fussent les circonstances nouvelles du fait de l'adversaire, il exposait l'aile opposée au mouvement aux nombreux aléas d'une bataille ayant le temps de se dérouler dans la totalité de ses diverses phases. Voilà pourquoi le commandement allemand dut nécessairement attendre, avant de déclencher sa manœuvre, que la solidité de son pivot se trouvât bien établie et qu'il fût assuré qu'aucune contre-manœuvre à caractère décisif n'était lancée par l'adversaire. Ainsi peut-on expliquer, en plus du temps nécessaire à la réunion des effectifs employés, la durée qui s'écoule entre l'attaque de Liège (3 août), et la mise en mouvement des colonnes des armées débordantes, combinée avec le retour offensif sur les secteurs de Lorraine et d'Alsace (19 août).

Les aléas de la manœuvre allemande font également comprendre pourquoi il était si nécessaire que ses préparatifs échappassent de la plus complète façon à nos moyens d'investigation. D'où la variété des ressources de dissimulation mises au service de la stratégie ennemie. Et sait-on si les effets que notre adversaire en obtint n'allèrent pas, dans certains cas, à l'encontre des résultats qu'il en escomptait? Pour ne citer que les plus typiques, les deux pièges tendus sur nos ailes dès les premiers jours de la concentration: vide en Alsace et coup de poing en Belgique, avaient très probablement un seul et même but qui était de provoquer un afflux de nos forces sur ces points au détriment de notre centre. Ils n'aboutirent pas; et bien en prit aux Allemands d'avoir fait de la région Morhange, Sarrebourg une zone où la guerre devait revêtir les caractères d'un siège pour lequel nous n'avions qu'une insuffisante préparation. Même là où l'état-major allemand se croyait passé maître, nous voulons dire dans l'art de tendre des embûches à son adversaire, il semble qu'il y avait mieux à faire. Supposons en effet qu'au lieu de marquer sur le centre une expectative grosse pour nous de signification, il nous eût franchement attaqués sur tout le front compris entre Metz et les Vosges. On ne peut objecter, comme on l'a fait pour Joffre,

qu'il n'en avait pas les moyens... Dans ces conditions, notre attention eût été attirée vers ce
centre au détriment de la région des Ardennes
et alors, les forces allemandes ne s'y seraient
probablement pas présentées presque à égalité
avec celles des Alliés, comme on vient de le
voir. Les principes de la stratégie restent immuables, que l'on soit en 1914 ou en 1815 : il
faut fixer son adversaire sur le front pour le
déborder ensuite sur l'aile, et la fixation du front
doit toujours précéder le débordement. En exécutant simultanément ces deux manœuvres à la
date du 19 août, les Allemands commirent une
erreur de doctrine : on ne fixe une armée devant
soi qu'en l'attaquant réellement.

Sans vouloir pousser à l'extrême cet examen
critique des possibilités — discussion qui se heurterait elle aussi à l'ignorance dans laquelle on
est sur les dispositions effectives de l'un des partis en présence, — on peut dès maintenant estimer — *deuxième conclusion* — qu'il faut bien
se garder, en ce qui touche aux conceptions des
commandants en chef, d'admirer aveuglément d'un
côté, d'incriminer de parti pris de l'autre. Tous
deux étaient de talle à se mesurer et à s'étreindre.

Troisièmement, examinons la préparation des troupes à la guerre. Ici, la comparaison fait certainement ressortir une inégalité flagrante à notre désavantage. Malgré les sacrifices que le pays avait consenti à s'imposer, peut-être tardivement, notre armée était moins préparée à la guerre que l'armée allemande. On a dit les efforts de Joffre pour créer dans les cadres élevés de l'armée une élite de commandement et des états-majors à hauteur de leur tâche. Son action bienfaisante n'eut pas le temps d'atteindre les couches inférieures, cadres subalternes et troupes.

Nous étions encore habillés comme on l'était en 1830, au temps où les fusils portaient à deux cents pas, et Dieu sait quelles pertes nous furent imposées par les képis et pantalons rouges ; nous n'avions pas de mitrailleuses, peu de gros canons, presque pas d'avions ; notre cavalerie ne songeait qu'aux charges brillantes et nos chefs cavaliers agissaient comme s'ils eussent ignoré que les chevaux doivent boire le jour, se reposer dans des écuries la nuit ; la masse de nos officiers d'infanterie était mal dressée ; l'instruction tactique de leurs unités, laissée au bon plaisir de chacun quand elle était faite, manquait de méthode et d'entraînement intensif. La progression dans l'engagement pour le combat, la durée nécessaire de l'infanterie, l'usage permanent du couvert, la liaison intime des fantassins avec les artilleurs, les formations diluées à l'extrême sous les obus, les assauts mûris et non prématurés, etc., etc.; autant de pratiques oubliées parce qu'on les négligeait aux manœuvres du temps de paix.

Dans ces défectuosités que n'ont pas compensées partout la bravoure et l'ardeur offensive naturelles à notre race, et dans leurs causes, se reflétait l'erreur populaire d'un vague humanitarisme, fruit dangereux de notre vieille mentalité de vaincus. La caserne étant considérée comme une prison, ils étaient rares ceux qui s'intéressaient à elle autrement que pour la dénigrer et en répandre l'horreur. Le sursaut des dernières années ne pouvait instantanément effacer les traces plus durables des propagandes antinationales.

Et chez ceux qui, dans les rangs de l'armée, surent fermer l'oreille aux tentations coupables, il y eut — peut-être par esprit de généreuse réaction — les erreurs de doctrine nées de certaines théories auxquelles on a fait allusion dans la première partie. Faites pour le commandement supérieur, à l'échelon qui envisage l'emploi des masses et les amène jusqu'aux coulisses du champ de bataille, ces théories gagnèrent les plus infimes cellules de notre organisation militaire. Les jeunes officiers furent séduits par le clinquant de spéculations si bien en harmonie avec leur propre tempérament; tous calquèrent dès lors leur attitude au combat sur celle qui ne convenait qu'aux grands chefs devant leurs cartes. Maintes catastrophes en résultèrent sur le champ de bataille.

Aussi, *troisième conclusion :* la mauvaise préparation de nos troupes à la guerre ne fut pas sans exercer une influence sensible sur les échecs du début. Grâce à la main ferme et énergique de notre commandement, à l'intelligence native de nos soldats et à la faculté d'adaptation que d'instinct chaque Français possède, l'armée comprit vite la portée des sévères leçons reçues dans les premiers combats.

Gardons-nous d'incriminer toutefois, à l'exclusion de tous autres, les seuls chefs subalternes et la collectivité anonyme plus ou moins irresponsable des troupes elles-mêmes. Il y eut des fautes commises à des échelons plus élevés dans le domaine des commandements supérieurs.

La mauvaise utilisation des troupes de réserve, opposée à l'usage qu'en firent dès le début les Allemands, est une de ces fautes parmi les plus graves. Alors que les Allemands employèrent 41 divisions formées avec des unités de réserve, de landwehr ou d'ersatz, de notre côté, nous nous contentions de former 24 divisions de troupes de réserve, y compris d'ailleurs celles que nous devions laisser dans les places.

En Belgique, c'est-à-dire à l'endroit où devait se produire la décision de la première bataille, les Allemands mettaient en œuvre 6 corps d'armée de réserve, soit 12 divisions, alors que les Français n'en disposaient que de 5.

Et cependant, notre faible natalité et le caractère démocratique de nos institutions ne nous poussaient-ils pas à une application très étendue du principe de la nation armée?... Au contraire, nos spécialistes en la matière se montraient irrévocablement favorables aux seules forces permanentes et partant, ils sacrifiaient par trop légèrement le dressage des forces nationales de réserve. Pour justifier leurs préférences, ils avaient alors coutume de citer l'exemple de l'Allemagne, imaginant que la puissance militaire de cette dernière était fondée sur l'utilisation exclusive de l'armée de métier. Quelle erreur ! et quel chemin nous eûmes à parcourir pour nous mettre au niveau de notre adversaire !

Citons encore comme faute imputable au commandement l'ignorance dans laquelle il semble avoir été tenu sur la valeur exacte et les aptitudes à la guerre moderne des armées de nos Alliés. Sans qu'il entre dans notre pensée la moindre tendance au dénigrement ou à la dépréciation, et pour mieux faire sentir, au contraire, les progrès de géants que ces armées alliées ont su réaliser depuis, qu'il suffise d'évoquer ici les premiers jours de la guerre pour nous souvenir combien, moins que nous-mêmes, elles étaient alors préparées à faire la guerre à l'Allemagne. Notre commandement s'en aperçut vite ; néanmoins, un moment, il s'en tint à la seule signification des chiffres, attribuant ainsi une trompeuse équivalence aux divisions belges, anglaises et françaises qu'il alignait dans le même total cité plus haut. Si brève que fût la durée de cette illusion, elle n'en eut pas moins de déplorables conséquences, encore aggravées par l'inexistence d'un commandement inter-allié chargé de la conduite des opérations sur la partie du théâtre où ces troupes de nationalités différentes allaient avoir à combiner leurs efforts.

Le vice inhérent à toutes les coalitions qui devait être cause de la durée indéfinie de la guerre se fit sentir dès les premiers jours et précisément à notre aile gauche, la partie la plus délicate de notre front : personne n'était désigné pour coordonner les mouvements de chaque armée dans l'intérêt exclusif de la communauté et pour pallier aux tendances particularistes de chefs indépendants les uns des autres. On l'a signalé tout au long dans la deuxième partie : alors qu'il s'agissait avant tout de battre l'armée allemande, les Belges se laissaient attirer par Anvers; les Anglais, après avoir perdu des journées précieuses à organiser leurs cantonnements de concentration, regardaient vers les ports de la Manche à leur gauche; Lanrezac, ignorant les Anglais, ne songeait qu'à sa droite. Il eût fallu un « Foch de 1918 » qui, activant les uns, réconfortant les autres, donnât des ordres à tous; à son défaut, et s'il eût senti la grandeur de ce rôle, Lanrezac aurait pu en assumer la charge ; la notoriété qu'il s'était acquise dès le temps de paix, lui eût donné, à défaut de lettre de service, l'autorité nécessaire sur le champ de bataille. Mais on sait l'aversion qui, dès leur première rencontre, sépara Lanrezac de French. Le manque de relations cordiales entre les chefs causa entre les armées une funeste divergence dans les efforts. Et le Boche, comme bien on pense, ne manqua pas d'en tirer parti.

Quatrième conclusion : le retard dans l'arrivée des Anglais et les défectuosités d'organisation du commandement à l'aile gauche sont parmi les causes les plus sérieuses de notre insuccès à cette aile.

Il y en eut une autre enfin qui, dans la balance du destin, pesa du poids le plus lourd, entraînant le fléchissement à notre désavantage : c'est le défaut d'énergie dont fut atteint le chef militaire français qui exerçait le commandement dans cette partie du front. Lui qui si longtemps l'avait enseigné sur les bancs de l'école, il oublia que le caractère de celui qui commande, sa résolution et sa fermeté, sont en définitive le secret de la réussite à la guerre, le facteur essentiel de la victoire qu'on arrache non pas seulement par des manœuvres ou des combinaisons, qui sont des moyens, mais par la bataille, qui reste toujours l'acte suprême de la guerre, parmi le fracas du canon, le crépitement de la fusillade, le sang qui coule, les morts hideux et le lamentable cortège des blessés gémissants.

Il oublia que la science du chef doit au moment voulu faire place à une sorte de brutalité surhumaine, à un illuminisme qui, donnant la conscience irraisonnée de la supériorité sur l'adversaire, décuple les forces des soldats. Les règles de la guerre, la prudence, les flancs ou les ailes, les forêts ou les lieux habités, les rivières et les lignes de retraite ne comptent plus beaucoup; elles ne tiennent alors qu'une place bien secondaire sur le champ de bataille où la résolution l'emporte sur tout le reste. Ne craignons pas d'insister sur ce côté psychologique de la question si l'on veut tirer de l'événement les enseignements qu'il comporte.

C'est à une carence de volonté plus qu'à aucune autre cause qu'est dû l'échec de la manœuvre de Charleroi. La meilleure preuve ne réside-t-elle pas dans ce fait, qu'en définitive, il y eut bien une

manœuvre, mais point *bataille*, au sens absolu
du mot? On ne vit pas se produire cette mêlée
totale et sans arrière-pensée qui arrache la décision. Seule l'imagination populaire, aidée par les
efforts de la propagande allemande criant au
monde entier sa victoire, a pu donner naissance à
cette légende de la *bataille de Charleroi* qui resta
dans son ensemble une série d'engagements par-
tiels, de prises de contact extrêmement brutales
parce que les Allemands « en voulaient », mais
qui n'eut point d'ordonnance méthodique, rien
d'un drame complet coordonné en ses divers actes
par une autorité dirigeante.

Cette bataille de Charleroi eût-elle été réellement livrée, qu'en serait-il advenu? Une catastrophe? ou une victoire? Nul ne le saura jamais,
quels que soient les raisonnements qu'on en
tienne. Lanrezac prétendait éviter la catastrophe
en n'acceptant pas de se battre. Mais sait-on si
la bataille intégrale, livrée là comme elle l'a été
en Lorraine, après avoir étrillé l'assaillant, n'eût
pas provoqué une limitation plus rapide dans les
oscillations des fronts et stabilisé ces derniers
dans le voisinage de la frontière? Ainsi aurait-on
peut-être évité la cruelle nécessité où l'on se

trouva d'user la force vive allemande en la laissant se développer à travers nos grasses campagnes et nos riches cités...

On croit donc pouvoir écrire ici, en guise de *cinquième conclusion* : L'échec de la bataille des des frontières incombe pour une part importante au commandement de notre aile gauche.

Tel il s'était révélé dès le premier jour. Sous des prétextes plausibles de pédagogie stratégique, il a fait des objections, exprimé des craintes, lancé des appels réitérés de prudence qui, à la longue, ont déteint sur la volonté farouche de Joffre, l'ont en quelque sorte poussé à un effilochage du plan XVII au lieu de l'exécution tout d'une pièce, ainsi qu'il l'avait conçue.

Nous serait-il permis, en finissant, de chercher à entrevoir ce qui aurait pu advenir de la réalisation intégrale de ce plan? On sait que Joffre avait médité une attaque toutes forces réunies sitôt sa concentration achevée, c'est-à-dire à partir du 14 au matin. A cette date, la Ve armée se serait dirigée sur Neufchâteau, Paliseul, ayant à sa droite la IVe armée qui aurait elle-même marché dans la direction d'Arlon.

9

Il est fort vraisemblable, qu'à ce moment, nos armées auraient réussi à traverser sans trop de peine la zone boisée et atteint les clairières au nord de cette zone sans se heurter à des organisations défensives que l'ennemi n'aurait pas eu le temps de perfectionner comme il fit. Il convient d'observer, en effet, qu'il ne s'agissait pas en Luxembourg d'un terrain truqué et préparé dès le temps de paix, comme le fut celui dans lequel nous eûmes à progresser en Lorraine annexée. Admettons donc que le mouvement eût été possible : n'en serait-il pas déjà résulté un trouble important dans le dispositif de concentration encore en cours de notre ennemi? Eût-il de ce fait persisté à poursuivre des horizons aussi lointains vers l'ouest?...

Mais passons. Dans son mouvement en avant, la Ve armée n'avait plus à faire la distinction qui préoccupait tant Lanrezac, entre les deux zones d'accès à la Meuse : amont de Mézières ou aval de Givet, séparées précisément par la région boisée impropre aux déploiements que cette armée venait de franchir. La première zone nous avait servi à passer la Meuse. Quant à la seconde, la présence de troupes françaises dans la région

Saint-Hubert, Rochefort rendait tellement aléatoire un mouvement ennemi entre cette région, le camp retranché de Namur et le fossé de la Meuse, qu'on peut douter que l'ennemi s'y fût aventuré de gaieté de cœur. C'était donc supprimer de la meilleure manière le doute existant sur les décisions de notre adversaire. Tant il est vrai, qu'à la guerre, la meilleure des sûretés réside encore dans l'initiative !

On objectera le mouvement débordant par Liège et Bruxelles, d'autant plus dangereux pour nous que notre gauche se trouvait poussée plus avant... Alors, en prévision de ce mouvement, pourquoi ne pas nous être effacés dès le début jusque derrière la Seine ou plus en arrière encore, comme on le prévoyait en 1875 ?... Qui nous dit d'ailleurs que les Allemands auraient manœuvré comme ils firent si nous-mêmes avions agi différemment ? Est-on sûr que l'ennemi serait allé se promener à travers Limbourg belge et Brabant, si Lanzerac l'avait saisi vigoureusement à la gorge en rive droite de la Meuse dans les deux Luxembourg ?

Admettons qu'il eût commis cette téméraire imprudence. Mais alors, en cette occurrence, n'est-il pas permis de supposer que l'armée belge eût offert une résistance plus sérieuse que celle qu'elle présenta, ayant l'impression d'être abandonnée à ses seules ressources, avec les bonnes paroles des diplomates et le voisinage de nos chevaux fourbus? Notre intervention effective vers la mi-août eût galvanisé ce petit peuple, donné à sa petite armée le courage d'entreprendre.

Elle ne suffisait pas toutefois à couvrir nos derrières et à nous mettre à l'abri du débordement allemand. Ce soin eût incombé à l'armée anglaise rassemblée sur les positions qu'elle occupa réellement. Ainsi placée en échelon en arrière et à gauche de notre dispositif, non seulement elle se fût trouvée en mesure de nous couvrir avec la plus heureuse efficacité, mais encore l'appoint anglais disposait du temps et de l'espace qui lui étaient nécessaires pour se mettre entièrement en valeur et assurer dans les meilleures conditions la coordination des forces composant notre dispositif d'aile gauche.

Certes, à cet ensemble d'éléments de forces, il fallait, quelle que fût leur répartition, l'étincelle vivifiante qui les devait animer, sous la forme d'une volonté dirigeante, d'un esprit audacieux, entreprenant et tenace qui, ayant en la victoire la même foi ardente que nos grands optimistes, aurait su se rapprocher d'elle au lieu de la laisser s'enfuir.

Rien ne dit d'ailleurs que là, mieux qu'en Lorraine, nous serions parvenus du premier coup à l'atteindre. Peut-être la force vive allemande nous eût-elle obligés à céder. Mais, ainsi qu'on l'a dit plus haut, il en serait résulté une usure plus intense de cette force allemande et, sans doute, l'invasion nous eût-elle été épargnée.

Voilà ce que l'exécution intégrale du plan XVII aurait pu nous donner. N'était-il pas chimérique, dès 1914, d'espérer davantage? Et ce résultat, à coup sûr incomplet, mais fertile en promesses, n'est-il pas la meilleure des justifications de ce plan?

TABLE DES MATIÈRES

E. GREVIN — IMPRIMERIE DE LAGNY

Echelle
0 10 20 30 40 50 60 70 80 90 100 Kilom.
PAYS - BAS
PAYS - BAS
DUSSELDORF
ANVERS
Venloo
GAND
Aerschot   Diest
COLOGNE
Flandres
HASSELT
Juliers
LOUVAIN
Hoelon
Düren
Ninove   Tirlemont   St Trond
MAESTRICHT
BRUXELLES
TONGRES
Bonn
Wavre   Jodoigne   Waremme
AIX-LA-CHAPELLE
Ottignies   Hanaut   Visé
Rhin
Perwez   Eghezée   LIÉGE
VERVIERS
SOIGNIES   NIVELLES
HUY
Spa
Gembloux
Hainaut   Fleurus   NAMUR   Andenne
MALMÉDY   Eifel   COBLENTZ
MONS   Gosselies   Floreffe
Stavelot
CHARLEROI   Fosse
Trois Ponts
Harmignies   Biesme   St Gérard
Beveau
Hunsrück
Givrance   Ligny   Walcourt-Po   Mettet   Yvoir   Ciney
St Vith
WIESBADEN
Maubeuge   Onoz   Walcourt Florennes   DINANT
Gerolstein
Solre-   Beaumont   Hastières   MARCHE
Prüm
MAYENCE
le-Château   PHILIPPEVILLE   Hermeton   Rochefort
Bingen
AVESNES   Marcinsbourg   Beauraing   St Hubert
Chimay   Heipes   Sevry   BASTOGNE
Houffalize
MANNHEIM
Capelle   Nadrin
Hirson   Revin   Bièvre   Libramont
ROCROI   Palisoul   Offagne   NEUFCHATEAU
VERVINS   Aubenton   Montherme   Kombre   Bertrix   Bussigny   Gp DUCHÉ
Renwez   Charleville   St Médard   Straimont   Wasserbillig   TRÈVES
MÉZIÈRES   Bouillon   ARLON
SEDAN   Étalle
RETHEL   Mouzon   Margut   Virton   LUXEMBOURG   Remich
Sommauthe   Merzig
N.   Sissonne   MONTMÉDY   Longwy
VOUZIERS   Dun   Longuyon   Bouvilliers   Longuyon   SARREBRÜCK
REIMS   Darnvillers   Billy-   Anoux   THIONVILLE   Lorraine
d'Arguus   Haumont
ÉPERNAY   Servon   Orme   Étain   Remilly   WISSEMBOURG   CARLSRUHE
Ste MÉNEHOULD   Aubréville   VERDUN   METZ   Bitche   Rastatt
Souilly   Vigneulles   HAGUENAU   Baden-Baden
CHALONS-SUR-MARNE   Thiaucourt   Delme   Dieuze   SARRE   SAVERNE   Hazelbourg
St Mihiel   Pont-à-Mousson   CH lez SALINS   Oberstingen   STRASBOURG
Beaubourg   Grand   Nomeny   SARRE   Mutzig   MOLSHEIM   Kehl
BAR-LE-DUC   Rozières-en-Haye   Couronné   NANCY   Dijon
VITRY-LE-FRANC   St Dizier   TOUL   Varimont   LUNÉVILLE   SCHLESTADT
Mailly   Yut   MORO   Emmendingen
NEUFCHATEAU   Bayon   COLMAR
Gruppont   Charmes   FRIBOURG-EN-B.
Châteaux   MIRECOURT   SCHLESTADT
TROYES   CHAUMONT   ÉPINAL   Alsace
Marne   THANN   Cernay   MULHOUSE
LANGRES   ALTKIRCH   Huningue   Rhin
AUXERRE   BELFORT   BALE   SUISSE